Sylt für
Klookschieter

Claudia Welkisch

Sylt für
Klookschieter

Ellert & Richter Verlag

Inhalt

Sylt: Eine Liebeserklärung in 106 Begriffen

Um Sylt zu lieben, brauchte es für mich nur einen winzigen Augenblick, um es zu kennen, fast 20 Jahre. Wobei – so richtig kennen und verstehen die Insel mit all ihren Besonderheiten wahrscheinlich nur die Menschen, die auf ihr leben. Die ihre Vergangenheit prägten und ihre Zukunft gestalten, die ihre Traditionen leben und lieben und die ihre Sprache sprechen.

Wenn auch Sie die Insel besser kennenlernen und verstehen wollen, könnten Sie nun entweder dorthin ziehen (was zugegeben nicht unbedingt das Schlechteste, aber auch nicht das Billigste wäre), oder aber, Sie lesen dieses Buch (was wesentlich günstiger und weniger aufwendig ist).

Darin nehme ich Sie mit auf eine ebenso informative wie unterhaltsame Reise über die Insel, bei der Sie besondere Menschen treffen, außergewöhnliche Orte kennenlernen und einen Einblick in die bewegte Vergangenheit, die liebenswerten Traditionen sowie die jahrhundertealte Sprache der Friesen bekommen.

„Sylt für Klookschieter" vermittelt Kurioses, Kulturelles, Kulinarisches und ja – auch Klugscheißerisches. Denn einiges, was in diesem Buch steht, muss man nicht unbedingt wissen, aber es schadet auch nicht, wenn man es tut. Denn unnützes Wissen ist meiner Meinung nach besser als gar kein Wissen. Und wenn Ihnen all dieses geballte Sylt-Wissen noch nicht reicht, um sich als „Insel-Kenner" zu fühlen, dann besuchen Sie doch einmal eines der traditionellen Friesenfeste, oder halten einen ausführlichen Schnack mit einem Insulaner. Entdecken Sie das unbekannte, das echte Sylt abseits der Touristenpfade und schauen Sie einmal hinter die Fassade der vermeintlichen Schicki-Micki-Insel. Es lohnt sich! Versprochen.

Dieses Buch ist für mich gleichermaßen Lexikon wie Liebeserklärung – und so sollten Sie es auch lesen. Denn mit dem Wissen wird auch Ihre Liebe zur Insel wachsen und Sie werden Sylt und alles, was es ausmacht, mit anderen Augen – und vor allem mit dem Herzen – sehen.

In diesem Sinne wünsche ich Ihnen viel Vergnügen beim Lesen und beim anschließenden Klookschieten.

Herzlichst, Ihre *Claudia Welkisch*

Abessinien

Einer der wohl bekanntesten FKK-Strände Sylts trägt seit den 1930er Jahren den exotischen Namen eines ehemaligen ostafrikanischen Kaiserreichs, des heutigen Äthiopiens. Und zwar sehr zum Ärger einiger damaliger kaiserlich-abessinischer Diplomaten, die die Freikörperkultur als Erregung öffentlichen Ärgernisses ansahen. Auf Sylt hingegen war „Abessinien" ein Synonym für das damals aufkommende Nacktbaden auf Sylt und die damit verbundene Freiheit. Man sprach sogar von „Abessinien-Kleidung". Was damit gemeint war, kann sich einjeder lebhaft vorstellen.

Wie aber kam der Strandabschnitt zwischen Kampen und List, auf Höhe der Buhne 31, zu seinem außergewöhnli-

Abessinien – seit den 1960er-Jahren beliebter FKK-Strand

chen Namen? Schuld daran war die blühende Phantasie einiger Sylter, die sich wohl etwas mehr Action auf ihrer beschaulichen Insel wünschten: Am 19. Oktober 1935 strandete während eines heftigen Sturms der französische Frachter „Adrar" an diesem bis dahin noch namenlosen Strand. Bis zu seiner Bergung im August des darauffolgenden Jahres untersagte der Kapitän das Betreten des Schiffes aufs Strengste, nicht einmal nähern durfte man sich ihm. Dieses Verbot heizte natürlich die Gerüchteküche unter den Insulanern mächtig an und schon bald erzählte man sich, der Frachter hätte Waffen für einen Angriff auf Abessinien geladen. Tatsächlich aber hatte das Schiff lediglich Palmöl, Porzellan und Holzstämme geladen – also alles nicht halb so spektakulär, wie es sich einige Sylter wohl erhofft hatten. Der Name „Abessinien" aber blieb und steht bis heute für die Anfänge der Sylter FKK-Kultur, eine wilde Zeit, in der die ebenso wilde „Abessinien-Kleidung" auf der Insel salonfähig wurde.

Parkplatz „Abessinien",
Weststrandstraße 333B, 25992 List

Alkoven

Wer heute einen Alkoven sieht, wird wahrscheinlich entzückt sein – zumindest so lange, bis er oder sie, ihn selbst einmal getestet hat. Als „Alkoven" bezeichnet man die schrankähnlichen Bettnischen, in denen die Friesen im 17. und 18. Jahrhundert schliefen. Wobei „schliefen" vielleicht nicht unbedingt der richtige Ausdruck ist. Man sollte vielleicht besser sagen: Sie verbrachten dort halb sitzend, halb liegend die Nacht, denn die Alkoven, die heute tatsächlich sehr gemütlich und romantisch anmuten, waren alles andere als das. Nämlich mit 90 Zentimetern viel zu eng und mit rund 1,70 Metern viel zu kurz – also

Typisch friesisches Schrankbett

nichts für große Friesen oder solche mit Rückenproblemen. Geschätzt wurden die Schrankbetten damals aber trotzdem, bedeuteten sie doch ein wenig Privatsphäre in einer Zeit, in der die ganze Familie in einem Raum schlief. Einen typisch-friesischen Alkoven gibt es im → „Altfriesischen Haus" in Keitum zu sehen. Probeliegen ist dort allerdings leider – oder zum Glück – nicht erlaubt, denn wie gesagt: Gemütlich aussehen ist das eine, gemütlich sein etwas ganz anderes.

Altfriesisches Haus

Wer schon immer einmal wissen wollte, wie die Sylter lebten, als auf der Insel noch nicht die Touristen, sondern die Wale die Hauptrolle spielten, ist im „Altfriesisches Haus" in Keitum genau richtig. Das reetgedeckte Kapitänshaus von 1640 steht auf dem Grünen Kliff und wurde 1907 vom Verein „Söl'ring Foriining" als Museum eingerichtet – und zwar so detailverliebt und authentisch, dass man den Eindruck hat, die Bewohner seien nur mal kurz einkaufen gegangen und kämen gleich zurück. Die Räume wurden weitestgehend in ihrem Originalzustand belassen und nehmen die Besucher mit auf eine spannende Reise in eine Zeit, in der noch mit Schafsmist und Heidekraut geheizt und die Toten im Wohnraum, dem sogenannten → *Pesel*, aufgebahrt wurden. In mehreren typisch eingerichteten Zimmern gibt es neben den berühmt-berüchtigten →*„Alkoven"* auch eine echt friesische Küche inklusive gut gefüllter Speisekammer zu sehen. Außerdem jede Menge Alltagsgegenstände, blau-weiße Kacheln, goldgerahmte Bilder und spannende Geschichte(n) rund um das Sylt im 18. und 19. Jahrhundert.

Altfriesisches Haus, Am Kliff 13, 25980 Sylt
www.soelring-museen.de/altfriesisches-haus/

Atlantic Crossing-1

Ein beliebtes Strandrestaurant mitten in den Dünen eines belebten Badeortes. Touristen genießen Kaffee, Kuchen und die wunderschöne Aussicht auf das Meer. Sie spazieren, flanieren, fotografieren. Nicht ahnend, was sich hinter dem Häuschen, in dem Strandkörbe gemietet werden können, verbirgt – nämlich eines der wichtigsten Kabel der Welt, das nicht nur die globale Wirtschaftskommunikation am Leben hält, sondern auch als potenzielles Anschlagsziel gilt. Klingt nach James Bond? Ist aber Sylt, genauer gesagt, Rantum. Und die ahnungslosen Touristen sind glücklicherweise auch nicht in Gefahr, sondern können ganz in Ruhe weiter Kaffee, Kuchen und Aussicht genießen. Doch der Reihe nach: „Atlantic-Crossing-1" ist der Name eines 14.000 Kilometer langen Überseekabels, das die Anlandepunkte Rantum, Brookhaven im Bundesstaat New York, sowie das niederländische Bewerwijk und Land´s End im Südwesten Englands miteinander verbindet. Auf Sylt kommt es direkt neben dem Restaurant „Seepferdchen" am Strandübergang „Samoa" an – und zwar tatsächlich völlig unbemerkt und unauffällig mitten in den Dünen hinter dem Häuschen der Touristinformation. Gäbe es dieses Kabel nicht, so wäre die weltweite Wirtschaftskommunikation teilweise lahmgelegt, denn es überträgt Daten mit einer Geschwindigkeit von 80 Gigabit pro Sekunde und ermöglicht es, 625.000 Telefonate gleichzeitig zu führen. Für die USA ist AC-1, so die Abkürzung, ein strategisch wichtiges Kabel – und laut der umstrittenen Enthüllungsplattform „WikiLeaks" auch ein gefährdetes, da eine Zerstörung des Kabels den USA massiv schaden würde. Doch glücklicherweise sind wir hier ja nicht bei James Bond, sondern im beschaulichen Rantum, wo es keine Anschläge, sondern nur Nachschläge gibt – und zwar in Form leckerer Friesentorte. Oder Abschläge auf dem Golfplatz. Oder Hitzschläge, aber die zum Glück auch nur sehr sehr selten …

Atlantis

Endlich wissen wir, wo das sagenumwobene „Atlantis" wirklich untergegangen ist. Nämlich auf Sylt – und zwar sehr zur Freude der Insulaner, denn dahinter verbringt sich der Name eines gigantischen Bauprojekts. Direkt am Strand von Westerland sollte Anfang der 1970er Jahre eine Bettenburg für Touristen mit 28 Stockwerken und 3.000 Betten entstehen. Die Stuttgarter Baufirma, die dieses Großprojekt plante, erhielt dabei Unterstützung von der Gemeindeverwaltung Westerland. Dieser wurde als kleines Dankeschön ein neues Kurmittelhaus in Aussicht gestellt – sehr zum Missfallen der Insulaner. Denn die hatten weder Lust auf Hochhäuser noch auf alles, was diese mit sich bringen würden: Noch mehr Touristen, noch mehr Verkehr, noch mehr Müll – und im schlimmsten Fall sogar die Aberkennung des Heilbad-Status. Schnell formierte sich eine Bürgerinitiative, die mehr als 18.300 Anti-Atlantis-Stimmen sammelte, was die Gemeindevertreter jedoch wenig beeindruckte. Ungeachtet der heftigen Proteste und einer aus dem Ruder gelaufenen Demonstration mit eingeworfenen Scheiben und zerstochenen Reifen, stimmten sie für den Bau – was wiederum die Sylter jedoch wenig beeindruckte. Die wandten sich an das Land Schleswig-Holstein und konnten sich im Frühjahr 1972 über eine Verweigerung der Baugenehmigung durch das Landesinnenministerium freuen. Dieses begründete seine Entscheidung mit der Belastung des geschützten Naturraums durch den Verkehr, den „Atlantis" zwangsläufig zur Folge hätte. Zwar klagte der schwäbische Fast-Bauherr gegen diese Entscheidung, jedoch ohne Erfolg. 1977 wurde die Klage abgewiesen und „Atlantis" versank endgültig in den Nordseefluten. Seinen mystischen Namen verdankte das gescheiterte Bauprojekt übrigens einer Umfrage unter Kurgästen, deren Mehrheit sich für „Atlantis" als Namen für das neue Vorzeigeprojekt im heutigen → *Kurzentrum* aussprach. Ob dies nun eine böse Vorahnung oder der Wunsch nach „Nomen est Omen" war, wird wohl für immer ein Rätsel bleiben. Fest steht: Kein anderer Name hätte besser für dieses – der Beharrlichkeit der Sylter sei Dank – untergegangene Projekt gepasst.

Avenarius, Ferdinand

Enten füttern, Boule spielen, die Ruhe genießen. Und das mitten in Kampen, dem berühmtesten Sylter Dorf, in dem sich in den Sommermonaten Prominenz und Touristen stapeln. Der Avenarius-Park allerdings ist ganz anders als der Rest Kampens und längst nicht so berühmt wie die legendäre → *Whiskymeile* mit ihren Bars und Clubs – und gerade deshalb ein so wunderbarer Ort. Zu verdanken haben ihn die Kampener ihrem ersten Ehrenbürger Ferdinand Avenarius (geb. 1856 in Berlin), seines Zeichens Dichter und Herausgeber der Zeitschrift „Der Kunstwart". Diese war Ende des 19. Jahrhunderts eines der wichtigsten Kulturblätter und genoss hohes Ansehen beim Bürgertum, auf das es großen geschmacklichen Einfluss hatte. Avenarius liebte Sylt und verbrachte seine Sommer im damaligen Künstlerdorf Kampen. Der Stiefneffe Richard Wagners galt als hochkultivierter Feingeist und als „Sylt-Förderer". Ihm folgten Stefan Zweig, Max Frisch und viele weitere bedeutende Künstler nach Kampen. Und auch er war bedeutend – und zwar für die Insel. So setzte er sich sehr leidenschaftlich für den Naturschutz ein und gründete zusammen mit dem Hamburger Zoologen und ebenfalls Sommer-Kampener Knud Ahlborn einen Verein zum „Erhalt der typischen Insellandschaft". Dank diesem wurde das Morsum Kliff 1923 zum ersten Naturschutzgebiet Schleswig-Holsteins erklärt. Und da die Sylter Sommer lang waren und der umtriebige Avenarius offensichtlich viel Zeit hatte, engagierte er sich nicht nur für den Schutz seiner Umwelt, sondern auch für die Freiheit seiner Mitmenschen – genauer gesagt, deren Textilfreiheit. Nicht umsonst gilt er als Vorreiter der Sylter FKK-Kultur. So hatte er auf dem Balkon seines Hauses in Kampen – übrigens eine sehr spezielle Mischung aus Schwarzwald- und Friesenstil – eine Kupferbadewanne stehen, in der er von außen unbeobachtet in der Sonne baden konnte. Und zwar, wie Gott ihn schuf. Auch einige seiner legendären Partys sollen, so erzählte man sich damals zumindest, im Adams-, beziehungsweise Eva-Kostüm stattgefunden haben. Im idyllischen Avenarius-Park sollte man sich allerdings dann doch lieber etwas anziehen. Sonst könnte man die Boulespieler irritieren, die hier mehrmals wöchentlich zwischen Hünengrab, Obstbaumallee und Buddha-Statue eine ruhige Kugel schieben.

Avenarius Park, Zugang über Wattweg/Ecke Heideweg, 25999 Kampen

B

Badekarren

Um noch mehr Touristen die schöne Nordsee zugänglich zu machen, ließ der Sylter → *Landvogt* Werner von Levetzau 1855 die ersten Badekarren am Westerländer Strand aufstellen. Diese kleinen Holzverschläge auf Rädern dienten den damals noch recht prüden Badegästen als Umklei-

Strandwächter beobachten die Badenden

demöglichkeit. Wer hier in sein Schwimmoutfit schlüpfte, musste sehr schlank, oder sehr beweglich sein – am besten aber beides. Die Karren wurden mit Pferden soweit ins Wasser gezogen, dass man – von den anderen Badegästen ungesehen – abtauchen konnte. Auf demselben, etwas umständlichen Weg ging es nach dem Bad in der Nordsee wieder zurück an den Strand.

Badestelle Morsum

Im Watt kann man nur wandern und Würmer gucken? Falsch. Denn in Morsum, am Ende der Straße Dikwai, gibt es eine kleine Badestelle am Watt mit aufgeschüttetem Sand, einer Handvoll Strandkörben – und einer ziemlich eingeschränkten Badezeit. Denn gebadet werden kann hier nur bei Flut. Dafür aber mit weniger Wellen und Strömungen sowie ein paar Grad mehr Wassertemperatur als an der Westküste der Insel. Der perfekte Platz also für Familien mit Kindern. Oder für Warmduscher, die nach dem Urlaub nicht lügen wollen, wenn sie Zuhause erzählen, dass sie in der Nordsee schwimmen waren.

Badestelle im Morsumer Watt, Ende Dikwai,
25980 Sylt/OT Morsum

Bernstein

An Sylter Stränden kann man nicht nur Muscheln und mit etwas Glück sogar Austern finden, sondern – mit noch etwas mehr Glück – auch Bernsteine. So wie ein kleines Mädchen aus der Schweiz, das im Sommer 2015 einen Stein so groß wie ihre kleine Kinderhand fand. 500 bis 600 Euro soll er wert gewesen sein. Zugegeben, für einen solch wertvollen Fund braucht es etwas mehr als nur etwas Glück, aber es lohnt sich trotzdem, die Augen offen zu halten. Vor allem nach auflandigen Herbst- und Winterstürmen hat man an den Stränden in List und Hörnum gute Chancen, Bernsteine zu entdecken. Wenn die Wassertemperatur dann auch noch bei etwa 4 Grad liegt, umso besser. Denn dann hat die salzige Nordsee die richtige Dichte, um den Bernstein vom Meeresgrund an die Oberfläche zu treiben. Meeresgrund? Meeresgrund! Genau dort kommt er nämlich her, der begehrte Bernstein – und zwar schon seit ziemlich langer Zeit. Als fossiles Baumharz hat er sich vor Millionen von Jahren am Meeresboden abgelagert und wird, bei entsprechenden Wind- und Wetterverhältnissen an die Strände gespült. Einen echten Bernstein erkennt man übrigens am Biss-Test: Gibt das Fundstück nach, kann man sich freuen, gibt er nicht nach, macht man am besten direkt einen Termin beim Zahnarzt.

Biikebrennen

Es ist sicher nicht übertrieben, zu behaupten, der 21. Februar wäre so etwas wie der inoffizielle Nationalfeiertag der Sylter – und natürlich auch aller anderer Friesen. Denn an diesem Tag wird das traditionelle Biikebrennen gefeiert. Die großen Insulaner freuen sich dabei über jede Menge Grünkohl, Schnaps und gute Stimmung, die kleinen über den darauffolgenden → *Petritag*, denn der ist schulfrei. Mit insgesamt neun großen Feuern von Hörnum bis List vertreiben die Sylter an diesem Tag den Winter von ihrer schönen Insel. Mit Fackeln und Musik ziehen sie durch die Dörfer bis zum Biikeplatz, auf dem morgens ein riesiger Haufen aus Reisig, Holz und ausgedienten Weihnachtsbäumen aufgetürmt wurde. In dessen Mitte thront eine Strohpuppe mit Namen „Pider", die den Winter ver-

Am 21. Februar brennen auf ganz Sylt die Biikefeuer.

körpern soll. Dass die Biike erst am Morgen des 21. Februar errichtet wird, hat zwei Gründe: Zum einen soll damit verhindert werden, dass es sich Igel, Vögel und andere Tiere in dem Grünzeug gemütlich machen. Zum anderen will man so den Bewohnern der anderen Dörfer nicht die Möglichkeit geben, die eigene Biike frühzeitig anzuzünden. Denn das gehört ebenso zum Brauch wie der erwähnte Grünkohl mit Schnaps-Beilage, die flammenden Reden zu aktuellen Sylter Ereignissen und das Singen der friesischen Nationalhymne → *„Üüs Söl'ring Löön"*.

Noch zwei Tipps für wahre Biike-Insider: Erst mit dem Kommando „Tjen di Biiki ön!" darf das Feuer entzündet und die eigene Fackel in den Reisighaufen geworfen werden. Und eigentlich sieht es die Tradition vor, dass man so lange beim Feuer bleibt, bis der Pider verbrannt ist. Eigentlich. Denn uneigentlich macht dies heute kaum noch jemand, zu kalt sind die Füße und zu verführerisch der Duft nach Grünkohl, der an diesem Tag über die ganze Insel weht. Zum Glück gibt es die Männer der Freiwilligen Feuerwehr, die die Biike so lange bewachen, bis auch die letzte Glut erloschen ist – was tatsächlich mehrere

Tage dauern kann. Woher diese langjährige Tradition der Biike kommt, daran scheiden sich bis heute übrigens die Geister, die – so eine der Theorien – in heidnischen Zeiten mit den Feuern vertrieben werden sollten. Ab dem 17. Jahrhundert dienten die Feuer der Verabschiedung der Sylter Seefahrer, die kurz nach dem 21. Februar wieder aufs Meer fuhren. Außerdem besagt eine Legende, die brennende Biike sollte den Männern vom nahen dänischen Festland signalisieren, dass die hübschen Sylterinnen schon bald ziemlich lange ziemlich alleine Zuhause sein werden und sich sicher über Hilfe auf dem Hof und ein wenig Gesellschaft freuen …

Infos zu allen Biikefeuern unter www.sylt.de/biike

Blanker Hans

Der „Blanke Hans" ist nicht etwa ein berühmter Sylter, der die Freikörper-Kultur auf der Insel etabliert hat, sondern vielmehr der mittlerweile gängige Name für die heftigen Sturmfluten, vor denen auch Sylt nicht verschont bleibt. Dazu zählt auch der Jahrhundertsturm „Anatol", der im

Heraufziehende Sturmflut am Weststrand

Dezember 1999 über Sylt tobte und vor allem an der Süd-spitze, der so genannten Hörnum Odde, für extreme Landverluste sorgte. Woher diese Bezeichnung ursprüng-lich kommt, ist ungeklärt. Unter anderem vermutet man, „blank" bedeute so viel wie „nackt" oder „entblößt" und „Hans" stehe für einen Allerweltsnamen. Indem man die furchtbaren Stürme also als etwas Nacktes und völlig Durchschnittliches bezeichnete, wollte man ihnen den Schrecken nehmen. Allgemein bekannt wurde der Name „Blanker Hans" durch das Gedicht „Trutz, blanke Hans", das Detlev von Liliencron 1882/83 verfasste.

Buddhismus auf Sylt

„Buddhismus auf Sylt" klingt erst einmal etwas komisch. So in etwa wie „Skifahren auf Mallorca". Aber: Es gibt tat-sächlich eine lange Buddhismus-Tradition auf der Insel. Diese gipfelte darin, dass der Berliner Arzt und konver-tierte Buddhist Paul Dahlke in den 1920er Jahren ein Grundstück in der Braderuper Heide erwarb, auf dem er das erste buddhistische Kloster Europas bauen wollte. Sylt erschien ihm als geeigneter Platz dafür, da es ihn an die Stille und Abgeschiedenheit Ceylons erinnerte. Der Bau des → *Hindenburgdamms* machte ihm aber einen Strich durch die Rechnung, denn mehr Touristen bedeuteten weniger Stille. Stattdessen errichtete er mitten in der Heide eines der wohl größten Buddha-Denkmäler Europas, das allerdings 1939 von der Luftwaffe abgerissen wurde, um Platz für die Flughafen-Erweiterung zu haben.

Buhne 16

„Buhnen" sind rechtwinklig vom Strand ins Meer hinausragende Bauwerke aus Stahl, Holz oder Beton. Als eine Art Damm sollen sie die Küste vor Landverlusten schützen. Klingt sehr wichtig, aber nicht sehr spannend. Ebenso wenig wie die Tatsache, dass die „Buhne 16" eben die 16. Buhne entlang der Sylter Küste ist. Das ist zwar die Wahrheit, aber nicht die ganze. Denn die erzählt die Geschichte eines legendären FKK-Strandes in Kampen, an dem sich einst Gunter Sachs weigerte, seine Badehose abzulegen. Und zwar trotz der Plakate „Badehose runter – Gunter", die einige (vor-)witzige Strandbesucher hochhielten. An der „Buhne 16" feierte in den 1960er Jahren alles, was Rang und Namen hatte, was schön war, oder wenigstens reich. Von der RAF-Terroristin Ulrike Meinhof, über den Boxer Bubi Scholz bis hin zu Brigitte Bardot. Mit ihren legendären und teils recht wilden Partys am Strand der 16. Buhne schufen die illustren Gäste den berühmten Sylt-Mythos und machten die Insel weit über die Grenzen der Republik bekannt. Heute wird hier zwar immer noch

Strandbistro „Buhne 16" in den Dünen von Kampen

gefeiert, allerdings nicht mehr ganz so wild. Im 1981 gegründeten Strandbistro „Buhne 16" geht es eher entspannt zu. Die Cousins Sven und Tim Behrens führen es in zweiter Generation und servieren ihren Gästen neben einer einmaligen Lage mitten in den Dünen alles von Champagner bis Currywurst. Die Spezialitäten des Hauses sind allerdings der selbstgemachte Rosinenkuchen und die fangfrischen geräucherten Makrelen – die gibt's allerdings nur, wenn die Väter von Sven und Tim beim Fischen erfolgreich waren. Denn die haben zwar das Ruder der „Buhne 16" abgegeben, das ihres Fischerbootes dafür aber umso fester und umso lieber in der Hand.

Fußweg ab Parkplatz „Buhne 16", Lister Straße, zwischen Kampen und List

Casino

„Rien ne va plus – Nichts geht mehr". Fast hätte dieser Spruch für das Casino im Westerländer Rathaus eine ganz andere Bedeutung bekommen. Denn vor seiner Eröffnung im Frühsommer 1949 war die Spielbank bei den Insulanern nicht ganz so beliebt wie heute – vor allem bei den Inselpastoren nicht. Diese protestierten vehement gegen den vermeintlichen Sündenpfuhl, von dem sie befürchteten, er würde soziale Spannungen und allerlei moralisch Verwerfliches auf ihre schöne Insel bringen. Eröffnet wurde trotzdem und statt zu einem Sündenpfuhl wurde das Casino, das übrigens das kleinste Deutschlands ist, zum Treffpunkt der feinen Gesellschaft. Allerdings

Das Sylter Casino im Rathaus von Westerland

zunächst nur der feinen auswärtigen Gesellschaft, denn den Syltern war das Betreten gemäß Landesverordnung bis 1977 verboten.

Casino Westerland, Andreas-Nielsen-Straße 1, 25980
Sylt/OT Westerland
www.sylt.casino-sh.de

D

Dammwärterhaus

Rund 1,5 Kilometer östlich von Morsum steht es – das erste Haus, das einen begrüßt, wenn man über den → *Hindenburgdamm* nach Sylt kommt und das letzte, das man sieht, wenn man die Insel verlässt. Aber es ist nicht nur ein Haus, sondern ein Ort mit Geschichte, ein Ort voll Nostalgie und Einsamkeit. Nur himmlische Ruhe sucht man hier, unweit der vielbefahrenen Gleise des Damms, leider vergebens. Diese kehrt erst ein, wenn die letzten Züge die Insel verlassen haben. Ab 1925 wohnten hier die Dammwärter und ihre Familien. Ihre Aufgabe war es, die Gleise auf einer Strecke von 22 Kilometern zu kontrollieren, zu reparieren und ungebetene Inselgäste davon abzuhalten, Sylt zu Fuß über den Damm zu erreichen. Heute kann man hier in Ferienwohnungen Urlaub machen und dabei einen kleinen Eindruck davon bekommen, wie es sich in früheren, ruhigeren Zeiten auf Sylt lebte – auch wenn „ruhigere Zeiten" dabei nicht unbedingt mit „Ruhe" gleichzusetzen ist. Dem Hindenburgdamm und seinen bis zu 120 Zügen täglich sei Dank.

Dammwärterhaus, Zum Wäldchen 19,
25980 Sylt/OT Morsum
www.dammwaerterhaus-sylt.de

Dänische Minderheit

„Sild for Smart Aleck" – so hieße dieses Buch, wenn... ja wenn der 14. März 1920 anders verlaufen wäre, als er es ist. An diesem Tag konnten die Sylter und andere Bewohner Schleswigs darüber abstimmen, ob sie weiterhin – wie seit Jahrhunderten – zu Dänemark, oder doch lieber zu Deutschland gehören möchten. In den stimmberechtigten Gemeinden entschieden sich durchschnittlich 80 Prozent der Einwohner für eine Zugehörigkeit zu Deutschland, auf Sylt teilweise sogar 90 Prozent. Nach diesem eindeutigen Ergebnis wurde die immer noch gültige Grenze zwischen Deutschland und Dänemark festgelegt. Noch heute leben rund 1.500 Dänen auf Sylt, die sich in Vereinen und Kirchengemeinden organisieren und ihre Kultur unabhängig von Staatsgrenzen leben und lieben. So gibt es gleich mehrere dänische Weihnachtsmärkte, sowie dänische Schulen und Kindergärten und der Bücherbus der Dänischen Nationalbibliothek hält ebenfalls regelmäßig auf der Insel. Und wer im Sylt-Urlaub gerne etwas Dänemark-Flair schnuppern möchte, der kann entweder einen Ausflug zur dänischen Nachbarinsel Rømø unternehmen, oder aber einfach am → *Ellenbogen* spazieren gehen. Hier, am nördlichsten Punkt Deutschlands, wählt sich das Handy regelmäßig ins dänische Netz ein.

Deichgraf

Wer „Deichgraf" hört, denkt vermutlich als erstes an Storms „Schimmelreiter" und als zweites an ein glamouröses, ehrwürdiges Amt, dessen Inhaber Ruhm und Ehre zuteil wird, der viele wichtige Aufgaben übernimmt und bedeutende Gesetze erlässt. Doch weit gefehlt. Denn die wichtigste – und wenig glamouröse – Aufgabe, die ein Sylter Deichgraf hat, ist die Entsorgung des Binnenwassers.

Zumindest heute. Denn mittlerweile ist ein Deichgraf nicht mehr und nicht weniger als der ehrenamtliche Vorsitzende eines Deich- und Sielverbandes, wie es sie zahlreich in Schleswig-Holstein gibt. In früheren Jahrhunderten war er hingegen der Vertreter des Landesherrn und beaufsichtigte den Deichbau.

Denghoog

Sylt ist ein Paradies für Archäologen und Geschichtsinteressierte, denn auf der 99 Quadratkilometer großen Insel sind heute noch rund 100 gut erhaltene Grabhügel und Großsteingräber zu finden. Die meisten von ihnen stammen aus dem Mittelneolithikum, also der Zeit um 3.000 vor Christus, aber auch aus der Bronze- und Wikingerzeit. Mehr als 500 bekannte Grabstätten gab es einst auf Sylt, weshalb dieses in früheren Zeiten auch „Insel der Toten" genannt wurde. Der Großteil der Gräber fiel im Laufe der Jahrhunderte Wind, Wasser und Plünderern zum Opfer, oder wurde im Zweiten Weltkrieg zu militärischen Anlagen umgebaut. Das bedeutendste der noch erhaltenen Grabstätten ist das Großsteingrab „Denghoog" neben der Wenningstedter → *Friesenkapelle*. Es ist das größte Grab seiner Art in Nordwesteuropa und zudem das einzige zugängliche auf Sylt. Freigelegt wurde es 1868 vom Hamburger Geologie-Professor Ferdinand Wibel. Als dieser begann, ein Loch in einen kleinen Hügel unweit des → *Dorfteiches* zu graben, ahnte er noch nicht, auf welch sensationellen Fund er stoßen würde: Eine gut erhaltene Grabkammer aus der Zeit um 3.000 vor Christus, die zwar keine wertvollen Gold-Schätze barg, dafür aber die Reste einer verbrannten Leiche, sowie Steinwerkzeuge und Schmuck aus → *Bernstein*. Seit 1928 kann der Denghoog besichtigt werden – allerdings nur von Menschen, die

Eingang zum Großsteingrab „Denghoog"

weder unter Platzangst noch unter einer allzu fülligen Körpermitte leiden. Denn der Gang, der in die Grabkammer führt, ist nur einen Meter hoch und einen Meter breit. Die Grabkammer selbst ist mit etwa 15 Quadratmetern etwas großzügiger gestaltet und wurde aus riesigen Eiszeit-Findlingen erbaut. Wie die Steinkolosse, die jeweils fast 20 Tonnen wiegen, damals bewegt und passgenau positioniert wurden, wird wohl für immer ein Rätsel bleiben. Fest steht: Ob (Hobby-)Archäologe oder Sylt-Tourist – der besonderen mystischen Atmosphäre des Denghoogs kann sich kaum jemand entziehen. Und für die lohnt es sich auch, ein paar Tagen (oder Wochen) auf die leckere Friesentorte zu verzichten, um dann ganz entspannt durch den Grabkammer-Gang flanieren zu können.

Steinzeitgrab Denghoog, Am Denghoog 1,
25996 Wenningstedt

Dorfteich Wenningstedt

Sylts größte und schönste (ehemalige) Waschmaschine befindet sich mitten in Wenningstedt und ist 300 x 100 Meter groß. Die Rede ist vom idyllischen Dorfteich, der in früheren Zeiten den Bewohnern zum Waschen von Kleidung und Körpern diente. Denn der Teich war nicht nur öffentliche Waschmaschine, sondern zugleich auch Badewanne der Wenningstedter. Heute baden hier nur noch die Enten. Ob noch schmutzige Wäsche gewaschen wird, ist nicht ganz sicher. Könnte aber durchaus sein, denn der Dorfteich dient heute als Treffpunkt für Einheimische und Touristen, Jogger und Gassi-Geher und es wird sicher der ein oder andere Schnack ausgetauscht und ausgiebig auf einer der schattigen Bänke geklönt.

E

Eidum

Eidum war ein altes Kirchendorf, das im 15.Jahrhundert von einer Sturmflut zerstört wurde. Die Überlebenden Eidums gründeten ein paar Kilometer weiter eine neue Siedlung, aus der das heutige Westerland entstand. Das älteste, heute noch erhaltene Haus, das Restaurant „Alte Friesenstube" wurde aus den Steinen des zerstörten Ortes Eidum errichtet. Und auch der Altar und die Glocke der alten Eidumer Kirche sollen in das neue Gotteshaus St. Niels eingebaut worden sein. Im 19. Jahrhundert tauchten

St. Niels in Alt-Westerland: Hier wurden Glocke und Altar
der Eidumer Kirche verbaut.

bei extremem Niedrigwasser mehrmals Reste der alten Siedlung auf. Zu sehen waren Steinreste, aber auch Herdanlagen und Straßenpflasterungen.

Eierkönig

„Eierkönig" – noch so ein ehrwürdig und wichtig klingendes Amt wie → *Deichgraf* oder → *Landvogt.* Und im Falle des Sylter Eierkönigs trifft zumindest „sehr wichtig" schon einmal zu. Denn er war für das Sammeln der Möweneier und die Verteidigung der Nester vor Eierdieben, die größtenteils mit dem Schiff von den Nachbarinseln Föhr und Amrum kamen, zuständig. Dazu muss man wissen, dass Möweneier im 19. Jahrhundert als Delikatesse galten und fast den dreifachen Wert eines Hühnereis hatten. Daher wurde das Eiersammeln von höchster Stelle geregelt und der dänische König vergab die wirtschaftlichen Nutzungsrechte an den Möweneiern. Zu diesem Zweck verpachtete er Gebiete in den Dünen am → *Ellenbogen* und in Hörnum, wo jedes Jahr zwischen 10.000 und 20.000 Eier gesammelt wurden. Die Pächter wählten einen „Eierkönig", der das Einsammeln der Eier, sowie einen Kassierer und einen Rechnungsführer beaufsichtigte. Er wohnte vor Ort in einer „Eierhütte", damit er rund um die Uhr sein Revier kontrollieren konnte.

Eierwerfen

Dieser alte Osterbrauch wird auch heute noch auf Sylt praktiziert. Wie der Name bereits vermuten lässt, wird dabei tatsächlich mit Eiern geworfen. Mit abgekochten selbstverständlich. Gewonnen hat, wessen Ei am weitesten fliegt, ohne kaputtzugehen. Alternativ werden die Eier auch manchmal wie beim Boccia gerollt. Da die Sylter sehr ehrgeizige Eierwerfer sind, wird natürlich nicht irgendwo geworfen, sondern nur auf den besten, weil mit weichem Gras oder Moos bewachsenen, Eierwerf-Plätzen. Diese sind seit Jahrhunderten überliefert und befinden sich unter anderem am Grünen Kliff in Keitum. Beim jährlichen Eierwerfen können auch Gästekinder mitmachen, die von den Kurverwaltungen Ostereier zur Verfügung gestellt bekommen. So möchte man ihnen einen kleinen Einblick in diesen schönen, alten Sylter Brauch vermitteln.

Eis-Avus

Im Winter 1962/63 hatten die Zugführer, die die Touristen über den → *Hindenburgdamm* nach Sylt brachten, vermutlich sehr viel freie Zeit. Denn in diesem Winter war es über zwei Monate lang so kalt, dass das Watt zugefroren war, und zwar mit einer Stärke von 1,50 Metern. Dies war ausreichend, um mit dem Auto übers Watt auf die Insel

Zugefrorenes Watt zwischen Sylt und dem Festland im Winter 1962/63

und wieder zurückzufahren, was tatsächlich von vielen hunderten Menschen praktiziert wurde. Der Name dieses ungewöhnlichen Weges auf die Insel? Eis-Avus. Wer diesen Weg nutzte, wurde bei der Überfahrt nicht nur Teil der Sylter Zeitgeschichte (denn so etwas gab es danach nie wieder), sondern konnte dabei auch noch kräftig sparen: 1,20 Mark Benzingeld pro Strecke, statt 22 Mark für die Überfahrt mit dem Autozug.

Eisboote

Das kleine Holzboot am Ortseingang Morsum könnte einfach nur ein netter Willkommensgruß an die Besucher des Inseldorfes sein. Und die fünf lebensgroßen Figuren in ihren blauen Fischerhemden könnten einfach nur ein paar Sylter sein, die einen kleinen Ausflug aufs Meer machen. Sylter sind, beziehungsweise waren sie tatsächlich. Aber ihr Ausflug aufs Meer war nicht irgendein Ausflug, sondern eine beschwerliche, oftmals lebensgefährliche Fahrt. Denn das Boot ist auch nicht irgendein Boot, sondern ein Eisboot. Diese wurden bis zum Bau des → *Hindenburgdammes* eingesetzt, um in harten Wintern, wenn das Meer zugefroren und die Insel von der Außenwelt abgeschnitten war, aufs Festland zu gelangen. Die Eisboote wurden den größten Teil des Weges von bis zu sechs mutigen Männern über die zugefrorene Nordsee geschoben. Trafen die Männer unterwegs auf offenes Wasser, zwängten sie sich zwischen den Eisschollen hindurch und ruderten ein Stück. So waren sie bis zu 14 Stunden unterwegs, um Nahrungsmittel, Post und lebenswichtige Medikamente vom Festland zu holen – bei eisiger Kälte und oftmals in völliger Dunkelheit. Nur wenn sie mit ihrer wertvollen Fracht zurück auf die Insel kamen, wurden sie entlohnt. Mussten sie abbrechen, weil die Tour zu gefährlich wurde, bekamen sie keine einzige Mark. Das Morsumer Eisboot stammt zwar aus Schweden, ist aber für die Bewohner des kleinen Ortes trotzdem eine Hommage an ihre unerschrockenen Vorfahren sowie ein Zeichen für den Zusammenhalt der Dorfgemeinschaft. Und natürlich auch ein netter Willkommensgruß an ihre Besucher. Aber eben nicht nur.

Ekke Nekkepenn

Ekke Nekkepenn ist neben Fischpapst Jürgen Gosch der wahrscheinlich berühmteste Sylter. Allerdings existierte er nur in der Sage – was aber auch besser so ist. Denn der nordfriesische Meergott, der auch auf Sylt sein Unwesen trieb, war alles andere als ein sympathischer Zeitgenosse. Vielmehr könnte man ihn als „Schürzenjäger" bezeichnen, der haufenweise hübschen Friesinnen nachstellte. Seine gehörnte Ehefrau saß derweil (verständlicherweise) eingeschnappt auf dem Meeresgrund und vertrieb sich die Zeit mit dem Mahlen von Salz. Und da ihr Gatte sehr oft auf außerehelicher Brautschau war, mahlte sie sehr viel Salz. So viel, dass die Nordsee so salzig wurde, wie sie es heute ist. Ekke Nekkepenn soll allerdings sehr unansehnlich gewesen sein und eine walrossähnliche Gestalt gehabt haben. Seine Flirtversuche können also nicht sonderlich erfolgreich gewesen sein, so dass sich seine Ehefrau das viele Salzmahlen eigentlich auch hätte sparen können.

Ellenbogen

Keine Strandkörbe, Badeverbot, weit und breit kein angesagtes Strandrestaurant – und dann soll man auch noch Maut zahlen? Ja soll man. Und tut man. Sogar sehr gerne, denn die Halbinsel Ellenbogen ist einer der schönsten Orte auf der ganzen Insel – und einer der ruhigsten. Hier trifft man auch in der Hochsaison mehr Schafe als Menschen, die, so die wichtigste Ellenbogen-Verkehrsregel, immer Vorfahrt haben. Der nördlichste Zipfel Sylts, und damit der Republik, befindet sich bereits seit 1608 im Privatbesitz mehrerer Lister Familien. Daher müssen Autofahrer die erwähnte Mautgebühr zahlen, die sich allerdings mehr als lohnt. Denn hier kann man zwar vielleicht nicht baden (wegen gefährlicher Tiefenströmungen), oder in angesagten Restaurants mit Meerblick Champagner schlürfen, dafür aber ganz viel anderes: Stundenlang an den schneeweißen Stränden spazieren gehen, Kegelrobben beobachten und der Sylt-Fähre winken, mit etwas Glück Austern finden, die beiden kleinen rot-weißen Leuchttürme aus allen Blickwinkeln fotografieren, bis nach Dänemark gucken und und und. Wem das nicht reicht, der findet mit der Naturbucht Königshafen ein perfektes Surfrevier vor – allerdings nur bei Flut, denn bei Niedrigwasser läuft der Königshafen leer. Und hier noch ein wenig Ellenbogen-Wissen für Klookschieter: Im Herbst 1965 trauten Spaziergänger ihren Augen nicht, als sie mitten aus der urwüchsigen Landschaft einen über 50 Meter hohen Bohrturm ragen sahen. Dieser sollte am Ellenbogen tatsächlich Öl finden, das aufgrund geophysikalischer Untersuchungen hier in 4.000 Metern Tiefe vermutet wurde. Als nach einem halben Jahr immer noch kein schwarzes Gold sprudelte, gab die Ölgesellschaft ihr Vorhaben wieder auf. Zum Glück. Denn was mit dem Ellenbogen passiert wäre, wenn tatsächlich Öl

Die Halbinsel Ellenbogen mit dem Leuchtturm List-Ost

gefunden worden wäre, mag man sich gar nicht vorstellen … Zumindest hätte Regisseur Roman Polanski dann sicher nicht 2009 seinen Film „Der Ghostwriter" auf der Halbinsel drehen können. Der Film spielt eigentlich an der Ostküste der USA, daher musste dem Ellenbogen mit typischen Straßenschildern, Briefkästen und Autos, sowie überirdischen Telefonleitungen, ein amerikanischer Look verpasst werden. Hauptdarsteller Ewan McGregor fand Sylt übrigens nach eigenen Aussagen zwar schön, aber auch etwas langweilig. Selbst schuld. Wahrscheinlich hat ihm niemand gesagt, dass man am Ellenbogen jede Menge toller Dinge machen kann – außer Baden und Champagner schlürfen natürlich.

*Zufahrt über die Listlandstraße und die
mautpflichtige Ellenbogenstraße*

Erstmal

Ein Lexikoneintrag für „erstmal"? Weiß doch jeder, dass das so viel wie „zunächst" oder „fürs erste" bedeutet. Stimmt. Zumindest zum Teil. Denn auf Sylt ist „erstmal" zudem eine inseltypische Verabschiedung – so wie → *„Moin"*, nur eben genau das Gegenteil. Eingefleischte Sylter sagen nämlich nicht „Tschüss", „Ciao" oder „Auf Wiedersehen", sondern „Erstmal". Denn da man sich auf einer kleinen Insel wie Sylt sowieso bald mal wieder über den Weg läuft, muss man sich hier gar nicht richtig und auf Dauer verabschieden, sondern eben nur „erstmal".

Fährhaus Munkmarsch

Das Fährhaus in Munkmarsch ist heute vor allem eines: Eine exklusive Adresse für einen ebenso exklusiven Urlaub in einem luxuriösen 5-Sterne-Superior-Hotel. Ein Hotel war das traditionsreiche Haus auch in früheren Zeiten einmal, Sternerestaurants und Spa-Bereiche suchte man damals allerdings vergebens. Vielmehr war es ab dem Jahr 1894 genau das, was sein Name bedeutet: Ein Fährhaus. Hier erholten sich die erschöpften Kurgäste von ihrer langen, beschwerlichen Fahrt nach Sylt – damals eine halbe Welt-reise. Bevor sie mit der → *Rasenden Emma* in ihre Urlaubs-quartiere gebracht wurden, konnten die Gäste zum Schnäppchenpreis von 2,75 Mark inklusive eines Kaffees ein kleines Nickerchen im Fährhaus machen. Die Som-merfrischler kamen zu dieser Zeit mit dem Dampfschiff aus dem heute dänischen Hoyer, das bis 1919 zu Deutschland gehörte. Vor dem Bau des → *Hindenburgdammes* war dies die wichtigste, weil einzige Verbindung nach Sylt und Munkmarsch war das Zentrum der Insel. Mit der Eröffnung des Dammes im Jahr 1927 verloren sowohl der Ort als auch das Fährhaus an Bedeutung und letzteres stand lange Zeit leer. In den 1960er Jahren wurde es dank eines vermögenden Strumpffabrikanten wieder kurzzeitig zu einem angesagten Treffpunkt, einige Jahre später, unter der Führung eines Munkmarscher Kapitäns, zu einem Restaurant. Als er das Haus 1980 aufgab, drohte diesem der Verfall und 1985 sogar der Abriss. Da er jedoch keinen Kredit für seinen geplanten Neubau erhielt, kam es zum Glück nicht so weit und das historische Gebäude blieb erhalten. Seit Ende der 1990er Jahre erfüllt es nun wieder den Zweck, zu dem es im 19. Jahrhundert gebaut wurde – es beherbergt Gäste. Wenngleich diese heute auch ein klitzekleines bisschen mehr als 2,75 Euro für eine Übernachtung zahlen müssen.

Hotel „Fährhaus Sylt", Heefwai 1,
25980 Sylt/OT Munkmarsch, www.faehrhaus-sylt.de

Feuerwehrmuseum

Zugegeben: Dass es auf Sylt einige sehenswerte Museen, wie zum Beispiel das → *„Altfriesische Haus"* gibt, ist jetzt nicht unbedingt das Insider-Wissen, das man in diesem Buch erwartet. Dass ein paar ehemalige Feuerwehrleute in Keitum ein ebenso kleines, wie unbekanntes Museum betreiben, hingegen schon eher. Im alten Gerätehaus werden auf rund 60 Quadratmetern historische und moderne Feuerwehrautos, antike Löschgeräte sowie Helme und Uniformen aus längst vergangenen Zeiten gezeigt. Das Highlight der Ausstellung aber sind die pensionierten Feuerwehrmänner, deren Leidenschaft fürs Löschen auch nach ihrem Dienstende noch lodert. Sie führen sehr persönlich und mit jeder Menge Herzblut durch ihr Museum und unterhalten die Besucher mit Anekdoten aus der Geschichte der Sylter Feuerwehr. Damals wurden die Löschkarren noch per Hand gezogen und die Feuerwehrleute wurden über Brände durch Hornisten informiert, die laut blasend durchs Dorf zogen. Genauso besonders wie Sylts kleinstes Museum selbst, sind auch die Öffnungszeiten, denn die Ausstellung hat nur von April bis Oktober geöffnet – und zwar ausschließlich dienstags von 10.30 bis 13.00 Uhr. Der Eintritt ist frei, aber die Museumsbetreiber freuen sich immer über eine kleine, oder auch größere, Spende.

Feuerwehrmuseum Keitum, C.-P.-Hansen-Allee 9,
25980 Sylt/OT Keitum

Friedhof der Heimatlosen

Eine unbekannte Strandleiche auf Sylt – was heute in jeder Zeitung stehen würde, gehörte in den vergangenen Jahrhunderten fast schon zum Alltag. So zählte ein Chronist mehr als 400 Tote, die zwischen 1600 und 1870 irgendwo auf der Nordsee über Bord gingen und auf Sylt angespült wurden. Damals allerdings interessierte sich kaum jemand für die namenlosen Toten. Sie wurden vielmehr einfach in der nächsten Düne verbuddelt oder am Strand ihrem Schicksal überlassen – irgendwann würde der Sand sie schon unter sich begraben. Erst 1855 schuf man mit dem Friedhof der Heimatlosen in Westerland einen Ort, an dem die Unbekannten beerdigt werden konnten. Angeregt wurde die Ruhestätte durch den Strandvogt Wulf Hansen Decker, der die Strandleichen vor deren Beisetzung in seiner Scheune wusch und herrichtete. Außerdem fertigte er eine genaue Beschreibung der Leichen an, in der Hoffnung, dass die ein oder andere vielleicht doch noch identifiziert werden konnte. Dies gelang allerdings nur ein einziges Mal, und zwar 1890 im Falle des ostfriesischen Matrosen Harm Müsker, der im Alter von nur 18 Jahren bei einem Schiffsunglück ums Leben kam. An ihn erinnert noch heute eine Gedenktafel, an die 52 anderen angespülten Toten schlichte Holzkreuze, auf die Fundort und -datum graviert sind. Die letzte Beisetzung fand 1905 statt, zwei Jahre später wurde der Friedhof zur Gedenkstätte ernannt, auf der übrigens nur eine einzige Frau ihre letzte Ruhe fand.

Friedhof der Heimatlosen,
Elisabethstraße/ Käpt'n-Christiansen-Straße,
25980 Sylt/ OT Westerland

Friesenkapelle

In anderen Orten bleibt die Kirche im Dorf, in Wenningstedt bleibt vielmehr das Wohnzimmer in der Kirche. Genauer gesagt, das „Wohnzimmer Gottes", denn so wird die kleine Friesenkapelle unweit des → *Dorfteichs* liebevoll von den Insulanern genannt. Es ist aber auch wirklich ganz schön gemütlich in der 1914/1915 erbauten Kirche. Und ganz schön friesisch: Blau-weiße Kacheln wie in der guten Stube daheim, eine weiße geschnitzte Friesenbank, goldgerahmte Bilder mit maritimen Motiven und ein hölzernes Votivschiff. Und da es in einem typisch deutschen, beziehungsweise friesischen Wohnzimmer auch immer irgendwann irgendwie um Fußball geht, finden in der Friesenkapelle regelmäßig Fußball-Gottesdienste statt. Initiiert hat diese der Wenningstedter Pastor Rainer Chinnow, der zu den großen Fußballturnieren erst zum Public Viewing und anschließend zum Gottesdienst einlädt. Darin wird ein Zitat eines Spielers oder Trainers aufgegriffen und eine dazu passende biblische Geschichte vorgestellt. Motto der Gottesdienste: „Jogis Buben in Gottes Stuben". In den Gottesdiensten lohnt es sich übrigens, einmal nach oben ans Deckengewölbe zu schauen. Denn dort steht in goldener Schrift das „Vater Unser" – und zwar, wie sollte es anders sein, auf Friesisch.

Friesenkapelle, Bi Kiar 9,
25996 Wenningstedt-Braderup

Friesenkeks

Auf der Suche nach etwas, das er den Gästen seines Tanztees anbieten könnte, erfand ein Thüringer Konditor den berühmten Friesenkeks. Moment mal? Thüringen? Keine Sorge, die friesische Backware wurde nicht etwa im Osten Deutschlands das erste Mal in den Ofen geschoben, sondern natürlich auf Sylt. Genauer gesagt, in der Westerländer Strandstraße, wo der Thüringer Konditor ein Café eröffnet hatte, in dem sich die Badegäste beim Tanztee amüsieren konnten. Aus einem Rezept für Weiße Pfeffernüsse kreierte er den Friesenkeks, der schon bald so bekannt und beliebt war, dass er weitere Konditoren und Packer einstellen musste. Diese verschickten das kleine runde Stückchen Sylter Backtradition mit der feinen Butternote in die ganze Welt. Laut Kennern gibt es die leckersten Friesenkekse übrigens bei der Traditionsbäckerei „Ingwersen" in Morsum (Terpstich 76).

Friesentorte

Sie ist mächtig und lecker, also mächtig lecker. Und nichts für Kalorienbewusste. Die mit Pflaumenmus gefüllte Blätterteigtorte wird mit jeder Menge Sahne serviert, und zwar in allen Sylter Cafés und Teestuben. Mittlerweile hat es die

Friesische Spezialität auch auf Speisekarten im Süden Deutschlands geschafft, wo sie aber natürlich nicht halb so lecker schmeckt wie auf Sylt. Das sagen zumindest die Sylter, von denen oft angenommen wird, sie hätten das traditionelle Backwerk erfunden. Dabei waren dies ihre Nachbarn auf Amrum, wo in den 1970er Jahren ein Bäckergeselle eine Torte aus Pflaumenmus und Blätterteig für seine Tante gebacken hat. Zwar gab es ähnliche Torten bereits zuvor, aber auf Amrum erhielt sie den Namen „Friesentorte" und war fortan der Verkaufsschlager auf der Insel. Und auf der Insel daneben ebenso.

Friesenwall

Die kleinen Steinwälle aus Findlingen sieht man nicht nur an den alten, traditionellen Friesenhäusern, sondern sie schmücken mittlerweile auch viele neue Gebäude auf Sylt. Heute Dekoration, waren sie in früheren Zeiten Zaunersatz und dienten dem Schutz der Gärten, in denen wertvolles Gemüse und Obst angebaut wurde. Entstanden sind sie ursprünglich in den friesischen Marschgebieten, wo die Höfe und Häuser oftmals auf großen, freien Weiden standen und starkem Wind, sowie freilaufendem Vieh ausgeliefert waren. Da es in dieser Gegend kaum Bäume, als auch kaum Holz für Zäune gab, baute man kleine Schutzwälle aus Erde, Schlick und Steinen, die man in frühgeschichtlichen Grabhügeln fand. Häufig wurden die Wälle mit Stacheldraht noch etwas erhöht, oder zum besseren Schutz mit Sträuchern wie Flieder oder Schlehe bepflanzt. Noch heute werden die Mauern in Trockenbauweise errichtet. Sie sind also sehr instabil und sollten daher keinesfalls als Sitzgelegenheit oder Klettermöglichkeit genutzt werden. Bricht ein Stein heraus, kann der nächste starke Regen den kompletten Wall zum Einsturz

bringen. Übrigens entstand der Ausdruck „Friesenwall"
erst in der Neuzeit, die ursprüngliche Bezeichnung lautete
schlicht und ergreifend „Steinwall".

Frigorigraph

Ein Tag am Meer macht nicht nur glücklich, sondern ist
auch noch gesund, und das wissen die Sylter schon ziemlich lange. Bereits in den 1930er Jahren beschäftigte man
sich am Westerländer „Institut für Bioklimatologie und
Meeresheilkunde" mit dem, was man heute als „Klima-
therapie" oder „Thalasso" bezeichnet – die therapeutische
Wirkung des Seeklimas auf den Menschen. Einer der Vorreiter auf diesem Gebiet war Uwe Jessel, der am Sylter
Institut forschte und schon früh das ganzjährige Baden in
der Nordsee propagierte. Außerdem erfand er den sogenannten „Frigorigraphen". Das kugelartige Gerät besaß
eine Oberfläche, die der menschlichen Haut nachemp-
funden war und ähnlich wie diese auf Klimareize wie
Sonne oder Wind reagierte. Es lieferte Jessel wertvolle
Messdaten, anhand derer er die positive Wirkung des
Meeres auf Gesundheit und Psyche nachweisen konnte.
„Schuld" an dieser positiven Wirkung sind vor allem die
feinen Tröpfchen Meerwasser (Aerosol), die von der Brandung erzeugt und vom Wind verteilt werden. Atmen wir
diesen Sprühnebel ein, nehmen wir mit ihm über 30
Mineralien wie Magnesium, Eisen und Jod, sowie wichtige Spurenelemente auf. Zudem ist die Nordseeluft fast
gänzlich frei von Schadstoffen und die erhöhte UV-Dosie-
rung kurbelt die Vitamin-D-Bildung an, die nicht nur für
starke Knochen, sondern auch für richtig gute Laune
sorgt.

Friesenwall aus Findlingen vor einem Haus in Keitum

Futjes

Sie sind klein, kugelrund, ziemlich kalorienreich – und ziemlich lecker. Das traditionelle Sylter Weihnachts- und Silvestergebäck aus Hefe wird auf der Insel seit Jahrhunderten heiß geliebt und genau so heiß auf jedem Weihnachtsmarkt angeboten. Der Teig, der in speziellen Futjes-Pfannen mit runden Mulden gebacken wird, kann nach Geschmack mit Apfel- oder Pflaumenmus, Trockenfrüchten oder Nüssen gefüllt werden. Nach dem Backen werden die Futjes in Zucker gewälzt und oftmals traditionell zu einer Zitronensuppe serviert.

Giftbuden

Was abschreckend und vielleicht sogar etwas gefährlich klingt, war eigentlich das genaue Gegenteil. Denn die so genannten „Giftbuden", die mit Aufkommen des Badetourismus gebaut wurden, waren die Vorläufer der heutigen Strandrestaurants, also quasi die → *„Sansibar* des 19. Jahrhunderts". Woher aber kommt der seltsame Name? Ganz einfach: Dort wurde – um sich vom Bad in der meist ziemlich kalten Nordsee aufzuwärmen Kümmelschnaps – ausgeschenkt. Und der hieß nun mal nicht einfach „Kümmelschnaps", sondern „Gift" und gab den Holzbuden ihren Namen.

Gret Palucca

Kinder denken beim Namen „Gret Palucca" an wilde See-
räuber, (ältere) Erwachsene eher an wilde Tänze. Und wie
so oft gibt es auch hier zwei Wahrheiten. Die erste: Die
Reederei Adler-Schiffe hat einen ihrer Kutter, mit dem
sie spannende Piratenfahrten für Kinder veranstaltet,
„Gret Palucca" genannt. Die zweite Wahrheit: Die Reederei hat sich diesen Namen nicht einfach nur ausgedacht,
weil sie ihn so schön fand. Vielmehr war es der Name
einer berühmten Ausdruckstänzerin, die ab 1923 regelmäßig nach Sylt kam. Sie liebte die Insel und die Insel
liebte sie, brachte sie doch jede Menge Glamour in die Sylter Dünen und auf die Sylter Bühnen. Anfangs für ihren
wilden und zur damaligen Zeit eher ungewöhnlichen
Tanzstil belächelt, wurde sie später gefeiert. Und es wurde
sogar, wie wir jetzt wissen, auf ihrer Lieblingsinsel ein
Schiff nach ihr benannt.

Infos zu den Fahrten mit der „Gret Palucca"
unter www.adler-schiffe.de

Hahndorf

Rund 16.000 Kilometer Luftlinie von Sylt entfernt, im
Süden Australiens, befindet sich das beschauliche Örtchen
Hahndorf, das eine der bekanntesten Touristenattraktio-
nen der Gegend ist. Zu verdanken ist dies dem Sylter Kapitän Dirk Meinerts Hahn. Eigentlich wollte der Westerländer Pastor werden, aber sein Vater – selbst Kapitän –

schickte ihn zur See. Seine berühmteste Fahrt unternahm er 1838 mit seinem Segelschiff „Zebra", auf dem er 199 Auswanderer von Hamburg nach Australien brachte. Diese wollten das damalige Preußen aus Glaubensgründen verlassen. Nach über vier Monaten und dem Verlust von zwölf Passagieren setzte er den Anker in der südaustralischen Holdfast Bay. Vor Ort wussten die Alt-Lutheraner von der „Zebra" erst einmal nichts mit dem fremden Kontinent und der genauso fremden Sprache anzufangen. Kapitän Hahn sei Dank fanden sie aber ein Stück fruchtbares Land, in dem sie sich ansiedeln und ein Dorf errichten konnten. Dieses nannten sie ihrem Retter zu Ehren „Hahndorf". Heute leben in Hahndorf rund 2.000 Menschen, darunter einige Nachfahren der norddeutschen Auswanderer. Sie und die zahlreichen Touristen werden am Ortseingang mit den Worten „Willkommen in Hahndorf. Unser Dorf soll schöner werden" begrüßt. Dabei ist Hahndorf eigentlich schon ziemlich schön. Und ziemlich deutsch. Eine schnurgerade, sauber gefegte Hauptstraße führt an pittoresken Häuschen vorbei, viele mit Geranien, einige sogar mit Fachwerk. In den Restaurants gibt es deutsche Spezialitäten, im Brauhaus Hefeweizen und beim Metzger Mettwurst. Ob das unbedingt nach dem Geschmack der Hamburger Auswanderer gewesen wäre, bleibt dahingestellt. Die Australier jedenfalls lieben ihr Hahndorf und ihren Sylter Kapitän, der Gott sei Dank kein Pastor geworden ist.

Heißgetränke

Die Winter auf Sylt sind lang, kalt und manchmal auch etwas einsam. Grund genug für die Insulaner, sich die Zeit bis zum nächsten Touristenansturm im Frühjahr mit einer Reihe leckerer Heißgetränke zu vertreiben. Wer dabei an

Friesentee und Cappuccino denkt, liegt richtig. Aber nur fast. Denn die Sylter Heißgetränke haben es wortwörtlich in sich: Kaffee zum Beispiel trinkt man mit einem ordentlichen Schuss Rum und einem Sahnehäubchen und nennt das Ganze dann „Pharisäer". Entstanden ist diese hochprozentige Kreation angeblich im 19. Jahrhundert auf der nordfriesischen Insel Nordstrand. Damals hatte in der Gemeinde ein besonders strenger Pastor das Sagen, der es sich verbat, in seiner Gegenwart Alkohol zu trinken. Um trotzdem ein wenig Stimmung in die Tauffeier seiner Tochter zu bringen, ließ ein Landwirt für seine Gäste Kaffee mit Rum und Sahnehäubchen servieren. Letzteres diente nicht etwa dem guten Geschmack, sondern dem ebenfalls guten Geruch, den es überdecken sollte. Die Wirkung des besonderen Heißgetränks ließ nicht lange auf sich warten und die Taufgesellschaft wurde lustiger und lustiger. Als der Pastor merkte, dass er der einzige war, der noch puren Kaffee trank, soll er erbost ausgerufen haben „Oh, ihr Pharisäer!". Somit hatte der Kaffee mit Schuss einen Namen und die Nordfriesen ein neues Lieblingsgetränk. Wer seinen Rum lieber mit einem Schlückchen Kakao trinkt, bestellt auf der Insel eine „Tote Tante" und der Sylter „Eisbrecher" bricht nicht nur Eis, sondern wahrscheinlich auch die ein oder andere Hemmschwelle, denn er besteht überraschenderweise ebenfalls aus Rum – diesmal aber mit Rotwein und Zucker gemixt. Außerdem im Winter zu haben: Die „Sylter Welle", besser bekannt als „Glühwein", sowie der Eiergrog, eine Mischung aus schaumig geschlagenem Eigelb, Zucker, heißem Wasser und natürlich dem obligatorischen Rum.

Haus Kliffende

Wenn es ein Haus auf Sylt gibt, das Geschichten erzählt und Geschichte geschrieben hat, dann ist es wohl „Haus Kliffende". Es wurde 1923 auf dem Roten Kliff in Kampen erbaut und diente lange Zeit als Gästehaus. Unter der Wirtin Clara Tiedemann wurde es zum Treffpunkt für illustre Persönlichkeiten aus Wirtschaft, Politik und Kultur. Die gebürtige Stuttgarterin war eigentlich Schauspielerin, was jedoch nicht bedeutete, dass sie ihre Abneigung gegen bestimmte Gäste überspielte und stets freundlich und zuvorkommend war. Im Gegenteil: Mochte sie einen Gast nicht, lies sie ihm zum Frühstück das Kursbuch der Bahn an den Tisch bringen – egal ob dies ein berühmter Schriftsteller oder prominenter Politiker war. Zu letzteren zählt auch Hermann Göring, der auch nicht unbedingt ein Fan von „Klaus", so Tiedemanns heimlicher Spitzname, gewesen sein dürfte. Denn bei einem großen SA-Aufmarsch in Kampen weigerte die sich standhaft, an ihrem „Haus

„Haus Kliffende" auf dem Roten Kliff in Kampen

Kliffende" eine Hakenkreuz-Fahne zu hissen. 1955 gab sie das Haus auf, das daraufhin eine Zeit lang als Gästehaus für die leitenden Angestellten einer Bank genutzt wurde. Seit 1997 befindet es sich in Privatbesitz und macht seinem Namen leider mehr als Ehre, denn durch die schweren Landverluste der vergangenen Jahre rückt es immer näher an die Kliffkante.

Hindenburgdamm

Der Bau des 11,3 Kilometer langen Hindenburgdamms in den Jahren 1923 bis 1927 war für die Sylter Fluch und Segen zugleich. So brachte die neue Eisenbahnstrecke den Tourismus – im wahrsten Sinne des Wortes – so richtig in Fahrt. Statt tagelang mit dem Dampfschiff und der → *Rasenden Emma* unterwegs zu sein, konnten die Sommerfrischler Sylt nun innerhalb kürzester Zeit erreichen. Das brachte mehr Gäste auf die Insel und mehr Geld in die Kassen der Bewohner. Die hatten sich lange Zeit gegen den Bau, der bereits 1913 vom Preußischen Landtag genehmigt wurde, gewehrt – aus Angst vor allem, was der Damm zwangsläufig mit sich bringen würde: Autos, Verkehr, Müll. Zudem hatten viele Sylter Angst vor dem Zerfall ihrer Kultur und vor Überfremdung. Denn Fremde kannten vor allem die Bewohner der Ostdörfer, die zu damaliger Zeit touristisch noch unerschlossen waren, nicht. Dies sollte sich schnell ändern, denn die ersten Fremden kamen bereits vor Eröffnung des Dammes: Rund 1.500 Dammarbeiter und ihre Familien mussten für mehrere Jahre auf der Insel untergebracht werden und so vermieteten auch die Archsumer und Morsumer erstmals leerstehende Zimmer. Die Arbeiter integrierten sich schnell ins Inselleben, nicht wenige von ihnen blieben auch nach Eröffnung des Dammes auf Sylt und einige fan-

Der 11,3 Kilometer lange Hindenburgdamm im Wattenmeer vor Sylt

den hier sogar ihre letzte Ruhestätte. Die Arbeit auf der Großbaustelle im Watt war hart und gefährlich. Es wurde in mehreren Schichten und unter schwersten Bedingungen malocht. Im Juni 1926 starb ein Arbeiter nach einer 20-Stunden-Schicht an Herzversagen, ein anderer wurde von einem der Lorenzüge, die für den Materialtransport genutzt wurden, überfahren. 70 Waggons brachten jeden Tag Baustoffe vom Festland, zusätzlich belieferten 30 Segler, drei Schlepper und 20 Lastkräne die Baustelle von Husum aus auf dem Seeweg. Während der Bauzeit bewegten die Arbeiter 3,6 Millionen Kubikmeter Erde und über 400.000 Tonnen Steine und Kies. Zudem mussten sie im August 1923 einen herben Rückschlag verkraften, als eine schwere Sturmflut alles bisher Geleistete zerstörte. Eine daraufhin errichtete Spundwand aus Holzbohlen und Strohballen sollte und konnte weitere Zerstörungen durch Wind und Wellen verhindern. Am 1. Juni 1927 konnte der 25 Millionen Reichsmark teure und bis dato namenlose Damm eröffnet werden. Da einer der ersten offiziellen Fahrgäste Reichspräsident Paul von Hindenburg war, beschloss der Generaldirektor der Deutschen Reichsbahn bei einem Festessen im Westerländer Rathaus spontan, der Festlandverbindung den Namen „Hindenburgdamm" zu geben. Seit 1932 verkehren auch Autozüge über den Damm und bringen mittlerweile bis zu eine Million Fahrzeuge jährlich auf die Insel. Damit ist die Verbindung vom Festland nach Sylt die am meisten befahrene und lukrativste Strecke der Deutschen Bahn. Und die schönste ja sowieso …

Hopfen

Dass die Sylter viel mehr als leckeren Friesentee zubereiten (und trinken) können, haben sie mit ihrem nördlichsten → *Weinberg* Deutschlands in Keitum bereits bewiesen. Direkt daneben wird aber seit 2007 noch eine andere Pflanze angebaut, aus der ebenfalls ein hochprozentiges Getränk entsteht: Hopfen. Auf den rund 3.000 Quadratmetern mit Wattblick fühlt sich die englische Art, die extra für raue Gefilde wie Sylt gezüchtet wurde, sichtlich wohl und beschert den Brauern jedes Jahr 15.000 bis 20.000 Flaschen edles Inselbier. Wobei es eigentlich gar kein richtiges „Inselbier" ist, da es nicht auf Sylt, sondern in Flensburg gebraut wird. Aber edel ist es. Und wie! Denn neben ausschließlich natürlichen Rohstoffen wird dem „Sylter Hopfen", so der Name des Bieres, auch Champagnerhefe zugesetzt – schließlich muss man ja auch ein wenig die Sylter Klischees bedienen.

Infos und Onlineshop unter
www.westindien.de

Hualevjunkensdreenger

Das söl'ringische (sylt-friesische) Wort „Hualevjunkens-dreenger" ist unaussprechlich, seine Bedeutung unglaub-lich, zumindest für heutige Zeiten. Denn die „Jungs des Halbdunkeln", so die Übersetzung, waren im 19. Jahrhun-dert eine Art „Lust- und Schutzgemeinschaft". Ihren Namen verdankten sie der Tatsache, dass sie an den dunk-len Winterabenden auf Brautschau gingen. Die Gruppe bestand zumeist aus Seefahrern, die in den Sommermo-naten auf dem Meer unterwegs waren. Da man damals von Dating-Apps und Bars noch meilenweit entfernt war, stattete man als junger Mann unter 30 – diese Altersgrenze war verpflichtend – den Eltern potenzieller Heiratskandi-datinnen Anstandsbesuche ab. Bei diesen Treffen waren oftmals gleich mehrere Männer anwesend, denen die Damen ihre Sympathie durch die Länge des Abschied-nehmens an der Türe bekundeten. Fiel dieses besonders kurz aus, fiel auch die Stimmung der halbdunklen Jungs. So wurde berichtet, dass diese auf ihren Touren durch die Dörfer oftmals ihrer Enttäuschung freien Lauf ließen und Schornsteine verstopften, Türen zustellten oder sogar Fenster einwarfen. Wurde ein Gruppenmitglied dabei erwischt, wie es ein Mädchen ohne Eltern traf, wurde es gebrandmarkt und musste sich öffentlich zu seinem unmoralischen Fehlverhalten bekennen.

J

Jöölboom

Die noch in vielen Sylter Familien gelebte und geliebte Tradition des Jöölbooms entstand im 19.Jahhunderts aus einer Notlösung heraus. Damals gab es noch kaum Bäume auf Sylt, geschweige denn Tannenbäume, die man sich zu Weihnachten in die gute Stube holen konnte. Um trotzdem nicht auf einen Weihnachtsbaum verzichten zu müs-

Traditionelle Handwerkskunst: der Jöölboom

sen, wurden die Sylter kreativ und erfanden den Jööl-boom: Um ein Holzgestell, für das sie zumeist einen Besenstil zweckentfremdeten, banden sie einen Kranz aus grünen Zweigen wie Efeu oder Buchsbaum. Geschmückt wurde mit kleinen Salzteigfiguren, die ein Segelschiff und eine Mühle, sowie ein Schwein, eine Kuh, ein Schaf, ein Pferd, einen Hahn und einen Fisch darstellen. Während die beiden ersteren für die Seefahrt und den auch heute noch betriebenen Ackerbau auf Sylt stehen, verkörpern die Tiere besondere Eigenschaften wie die Treue eines Hundes oder die Stärke eines Pferdes. Natürlich dürfen auch Adam und Eva, sowie vier Kerzen, die die vier Adventssonntage symbolisieren, nicht fehlen. Wer mag, dekoriert den Baum noch mit Äpfeln und ein paar Schlei-fen – und fertig ist die Sylter Weihnachtsdeko, die einst nur Plan B war, heute aber schon längst Kult ist. Denn auf Sylt geht der Trend zum Zweitbaum – einer aus dem Wald, der andere aus Salzteig. Einer für ein paar Wochen, der andere für viele Jahre. Wie man den Baum richtig bindet und schmückt, erfährt man übrigens in den Jöölboom-Kursen, die das Sylter Heimatmuseum jedes Jahr in der Adventszeit anbietet.

Klappholttal

Das Klappholttal südlich von List verdankt seinen Namen den dort ab 1869 angepflanzten kleinwüchsigen Krumm-holzkiefern („Klappholz"). Das Areal ist in jeder Hinsicht besonders. So erhielt der dortige Strand 1927 eine landespolizeiliche Ausnahmegenehmigung zum Nacktbaden – eine Sensation in der damaligen Zeit. Außerdem befindet sich dort seit 1919 eine der ältesten Volkshochschulen Schleswig-Holsteins. Die „Akademie am Meer" will nach eigenen Angaben „kritisch aufklären" und die „geistige, kulturelle und soziale Entfaltung" fordern. Dies tut sie durch ein breites Kurs- und Seminarangebot: Vogelkunde, Malerei, Lebensgestaltung, Meditation, Stressbewältigung … Vor allem letzteres dürfte den Gästen der Akademie nicht besonders schwerfallen. Sie wohnen in 150 einfachen, aber gemütlichen Häuschen inmitten eines der schönsten Dünengebiete Sylts. Und zwar ohne Fernseher, Internet und Handyempfang.

www.akademie-am-meer.de

Klein-Afrika

Samoa, → *Sansibar*, → *Abessinien*, Klein-Afrika … Die Sylter scheinen irgendwie ein Faible für den Schwarzen Kontinent zu haben. Während sich hinter den drei ersten Namen bekanntermaßen Strandabschnitte verbergen, ist „Klein-Afrika" die Bezeichnung für ein Dünental im westlichen Teil des Morsum Kliffs. Durch Luftverwirbelungen können hier an warmen Sommertagen Temperaturen von bis zu 50 Grad erreicht werden. Zudem ist der Sand an dieser Stelle besonders fein und rot, so dass man sich tatsächlich ein wenig wie in einer afrikanischen Wüstenlandschaft fühlt.

Klenderhof

Eines der bekanntesten Sylter Häuser ist der „Klenderhof" in Kampen. Nie gehört? Doch, bestimmt! Aber wahrscheinlich eher unter seinem inoffiziellen Namen „Springer-Burg". Zu verdanken hat es diesen Namen der Tatsache, dass es erstens von seiner Größe her tatsächlich eher einer Burg als einem Wohnhaus gleicht und zweitens 1962 vom Hamburger Verleger Axel C. Springer gekauft wurde – zu einem Schnäppchenpreis von 650.000 DM. Heute soll allein das rund zwei Hektar große Wattgrundstück 20 Millionen Euro wert sein und die Aussicht ist sowieso unbezahlbar. Entworfen wurde das 600-Quadratmeter-Haus mit dem auffälligen Turm 1933 von einem Berliner Architekten für die jüdische Kaufhauserbin Charlotte Baldner. Diese schenkte das Haus ihrem Mann, dem damals sehr bekannten Cellisten Max „Bimbo" Baldner. Das Anwesen am Wattenmeer gefiel nicht nur dem Beschenkten, sondern auch dem NS-Politiker Hermann Göring, der sich das Haus im Juli 1933 angeschaut hat. Warum auch immer die jüdische Hausdame ihn hereinließ – hinterher bereute sie es. Göring dagegen beauftragte nach seinem Besuch den Architekten, ihm ein ähnliches Haus auf der Ostsee-Halbinsel Darß zu bauen. In den folgenden Jahren wurde der Klenderhof zum Treffpunkt illustrer Gäste wie der Sportfliegerin Margot von Opel oder dem Dirigenten Erich Kleiber. 1936 fand das lustige Treiben im Klenderhof jedoch ein jähes Ende. Max Baldner bekam Berufsverbot, seine Frau den sogenannten „Judenstempel" in ihren Reisepass. Es folgte ein Aufenthaltsverbot für Juden auf Sylt und der leerstehende Klenderhof fiel in der Reichskristallnacht 1938 fast einem Brandanschlag durch SA-Leute zum Opfer, die vom Festland angereist waren. Dank einiger couragierter Sylter, darunter auch der Kampener NSDAP-Ortsgruppenleiter – der wenig auf politi-

Der „Klenderhof" in Kampen, landläufig bekannt als „Springer-Burg"

sche Meinungen gab – konnte dieser jedoch verhindert werden. Erst nach dem Ende der NS-Zeit durfte die inzwischen verwitwete Charlotte Baldner wieder in ihr Haus ziehen, das sie bis Ende der 1950er Jahre als Gästehaus führte und schließlich an den Hamburger Verleger Axel Springer verkaufte – zu oben erwähntem Schnäppchenpreis. Im August 1973 stand der Klenderhof, beziehungsweise die Springer-Burg, wie das Haus zu dieser Zeit schon genannt wurde, dann tatsächlich in Flammen. Während eines Besuchs des damaligen Wirtschaftsminister Karl Schiller verübten Unbekannte einen vermutlich politisch motivierten Brandanschlag. Die Feuerwehr konnte einen Großteil des Hauses retten, den zerstörten Gebäudeteil ließ Axel Springer in seiner Ursprungsform wiederaufbauen. Vier Jahre später hatte er in seiner Klenderhof-Küche die Idee zur Charity-Aktion „Ein Herz für Kinder", als er im Radio hörte, dass jährlich rund 1.500 Kinder im Straßenverkehr ums Leben kommen. Die von der BILD-Zeitung ins Leben gerufene Aktion hat bis heute über 300 Millionen Euro Spenden für benachteiligte Kinder gesam-

melt. Nach dem Tod Axel Springers 1985 verkaufte seine
Witwe das Kampener Haus an ein Schweizer Unternehmen – und zwar für einen unbekannten Preis, der sich im
zweistelligen Millionenbereich befinden soll.

Kliffs

Bunt, bunt, bunt sind alle Sylter Kliffs – genauer gesagt
rot, grün und weiß. Und dann gibt es noch das Morsum
Kliff, das tatsächlich ziemlich bunt ist. Und ziemlich alt,
nämlich rund zehn Millionen Jahre. Das beeindruckende
Kliff besteht aus schwarzen, weißen und rotbraunen
Gesteinsschichten, die nebeneinander – und nicht wie
sonst üblich übereinander – lagern. Einige der Schichten,
von denen die jüngste zwei Millionen Jahre alt ist, enthal-
ten Fossilien wie Korallen, Muscheln oder Schnecken.
Diese zu sammeln ist aber streng verboten, wie überhaupt
so einiges am Morsum Kliff verboten ist. Denn die komplette, rund 1,8 Kilometer lange und etwa 21 Meter hohe
Klifflandschaft wurde 1923 unter Naturschutz gestellt –
übrigens als erster Ort in Schleswig-Holstein. Daher darf
sie nur auf den ausgeschilderten Wegen erkundet werden,
von denen einer direkt ins Dünental → *„Klein Afrika"*
führt. Und wer will, kann von hier direkt bis zum etwa sieben Kilometer entfernten Grünen Kliff in Keitum laufen –
immer der Nase nach am Watt entlang. Taucht dann das
Keitumer Kliff vor einem auf, weiß man, warum es so
heißt, wie es heißt: Seine Oberfläche ist dicht mit Gräsern
und Wildkräutern bewachsen. Dies liegt daran, dass es,
vermutlich bereits seit Jahrhunderten, nicht mehr aktiv
ist, also nicht mehr durch die Strömung erodiert. Bis 1859
lag am Fuße des Keitumer Kliffs der bedeutendste Hafen
der Insel, der allerdings nach und nach versandete. Ein-

Sonnenuntergang am Roten Kliff

zig das weiße Packhaus des Hafenmeisters, das auf dem rund 13 Meter hohen Kliff thront, erinnert noch an die einstige Bedeutung dieses Ortes für die Sylter Schifffahrt. Und wo wir gerade bei Schiffen sind: Diesen diente vor Erfindung der Leuchttürme das markante Rote Kliff in Kampen als Orientierungs- und Erkennungszeichen. Seinen Namen verdankt die 30 Meter hohe Steilküste seiner prägnanten Farbe, die durch die Oxidation eisenhaltigen Lehms entsteht. Das Kliff erstreckt sich über mehrere Kilometer zwischen Wenningstedt und Kampen und ist mit rund 120.000 Jahren im Vergleich zu den anderen Sylter Kliffs ein echter Jungspund. Und noch etwas unterscheidet es von seinen grünen, weißen und bunten Kollegen: Es ist als einziges Kliff durch das Anbranden des Meeres entstanden. Und genau das, also das Meer, bedroht das Kampener Kliff nun wieder in seiner Existenz. Durch Sturmfluten kommt es immer wieder zu starken Abbrüchen, die Kliffkante wandert jährlich um ein bis vier Meter weiter ins Landesinnere. Das vierte Kliff ist das Weiße Kliff in Braderup, auf dem ein großer Teil des Naturschutzgebietes Braderuper Heide verläuft. Von hier aus hat man bei gutem Wetter nicht nur einen atemberaubenden Blick bis nach Dänemark, sondern kann bei Ebbe auch die Reste des abgebrannten und gesunkenen Dreimasters → „Mariann" sehen. Die auffällige weiße Farbe verdankt die bis zu 15 Meter hohe Steilküste dem hellen Kaolinsand, der sich vor zwei bis drei Millionen Jahren an der Sylter Ostküste abgelagert hat. Er enthält unzählige kleinste Edel- und Halbedelsteinteilchen sowie Steine, die aus einem zerschlagenen nordeuropäischen Urgebirge stammen.

Klööntür

Friesen gelten allgemein als nicht besonders gesprächig. Zu dieser landläufigen Annahme trägt unter anderem die Tatsache bei, dass sie das Wort → „*Moin*" zu jeder Tages- und Nachtzeit verwenden. Und meist ist das dann auch schon alles, was ihr Gegenüber zu hören bekommt. Es gibt allerdings auch etwas, das gegen die angebliche Wortkargheit der Friesen spricht: Die Klööntür. Die beweist eindeutig, dass Tratsch und Klatsch nicht erst eine Erfindung der Neuzeit sind und sich auch die Friesen – zumindest früher – ganz gerne einem ausführlichen Small Talk hingegeben haben. Das Besondere an den Klööntüren ist ihre horizontale Zweiteilung. Den unteren Teil ließ man in der Regel geschlossen, damit keine Mäuse oder andere

Gesellig und gemütlich – die typisch friesischen Klööntüren

Kleintiere ins Haus kamen. War der obere Teil geöffnet, konnte man sich ganz bequem auf den unteren aufstützen und in aller Ruhe mit dem Briefträger oder der netten Nachbarin klöönen.

Kluntjes

Das Friesische Wort für „Kandiszucker", der bei der traditionellen → *Sylter Teezeit* in die Tasse gelegt und mit heißem Tee übergossen wird. Dabei entsteht dieses ganz besondere Knistern, das bei echten Teeliebhabern zu wahren Glücksgefühlen und nicht selten zu einer Ganzkörper-Gänsehaut führt. Auf der Insel gibt es nicht nur die typischen weißen und braunen Kluntjes, sondern auch ausgefallene Variationen, wie zum Beispiel eingelegt in Sirup aus Sylter Heckenrosen.

Kupferkanne

Die „Kupferkanne" am Kampener Watt ist heute ein beliebter Treffpunkt für einen ausgedehnten Kaffeeklatsch. Doch das war sie nicht immer. Denn das Café mit angeschlossener Rösterei war ursprünglich ein Wehrmachtsbunker. Diesem Teil ihrer Vergangenheit ist auch die Tatsache geschuldet, dass sich die „Kupferkanne" teilweise unter der Erde befindet. An heutiger Stelle gab es früher mehrere solcher Bunker, die nach dem Zweiten Weltkrieg an Flüchtlinge vermietet wurden. So unter anderem an den Stettiner Marineoffizier und Bildhauer Günter Rieck, der sich ein großes Fenster in die Bunkerwand meißelte, um sich ein Atelier einzurichten. Nachdem sich in den benachbarten Bunkern schon bald befreundete Künstler wie der Schriftsteller Ernst von Salomon eingemietet hatten, verwandelte sich die triste Bunkeranlage nach und nach in einen beliebten Künstlertreff. Hier traf man sich zum gemeinsamen Arbeiten und Wein trinken und genoss dabei den weiten Blick über das Watt und die Heide. In dieser Zeit entstand auch der große Garten, in dem Günter Rieck über 30.000 Bäume, Sträucher und Büsche pflanzte. Wer den Garten am Watt heute besucht, freut sich nicht nur über die freilaufenden Pfauen, sondern wundert sich auch über die zum Teil Kopf stehenden Bäume. Nachdem Orkan „Anatol" im Winter 1999 durch den Cafégarten tobte und fast 600 Bäume entwurzelte, wurden diese teilweise mit den Wurzeln nach oben wieder eingegraben. Doch dies ist nur eine der vielen Besonderheiten der „Kupferkanne", die noch bis 2002 von Riecks Witwe geführt wurde. Auch das Innere ist einzigartig: Ein Labyrinth aus verwinkelten Gängen, kleinen Grotten und gemütlichen Nischen. Oftmals so eng, dass man den Kopf einziehen muss. Dazu ein Sammelsurium aus Kitsch und Kunst und über allem der verführerische Duft von frisch geröstetem Kaffee und hausgemachtem Blechkuchen, in dessen Genuss bereits berühmte Persönlichkeiten wie Ex-Bundeskanzler Helmut Schmidt, Maximilian Schell und die persische Kaiserin Soraya gekommen sind.

Kupferkanne, Stapelhooger Wai 7, 25999 Kampen

Kurzentrum

Kurzentren findet man in vielen Luft- und Badekurorten – aber keines wie in Westerland. Denn statt idyllischer Spazierwege, gesundheitsfördernder Salinen und hübsch angelegter Kurparks gibt es hier vor allem eines: Beton. Das Kurzentrum, dessen Name schöner klingt, als es eigentlich ist, besteht nämlich aus mehreren riesigen Hochhäusern und Gebäudekomplexen, die in den 1960er

Jahren an der Promenade entstanden sind. Dazu gehört auch das Haus „Metropol", in dem sich 360 Wohnungen mit einer Gesamtfläche von rund 21.000 Quadratmetern befinden. Zur Ehrenrettung des Kurzentrums ist allerdings zu sagen, dass es hier neben Bettenburgen und Betonbunkern auch das „Haus des Kurgastes" mit einer Meerwasser-Trinkhalle, sowie den Kursaal, das Freizeitbad „Sylter Welle" und eine Lesehalle gibt – nur eben nicht wie anderswo mitten in einem grünen Park, sondern zwischen grauen Häusern. Dafür aber mit dem allerschönsten Meerblick und der entschädigt ja bekanntlich für vieles.

L

Landvogt

Den ersten Sylter Landvogt auf Sylt gab es 1547. Er war nicht nur der Vertreter des Landesherrn, sondern quasi „der Mann für alle Fälle". So beaufsichtigte er die Strandvögte und die Bauernschaften, sorgte dafür, dass Gesetze eingehalten wurden und war ab 1744 sogar befugt, als Justizbeamter kleine Streitigkeiten zu verhandeln. Außerdem hatte er die Aufsicht über die Sylter Mühlen und Wege und nahm notarielle Aufgaben war. Der berühmteste Sylter Landvogt war der Freiheitskämpfer Uwe Jens Lornsen, Namensgeber der → *Uwe-Düne*. Die Dauer seiner Amtszeit war ebenfalls berühmt, betrug sie doch nur 10 Tage. Da Lornsen eine politische Broschüre veröffentlichte, die nicht jedem so gut gefiel wie ihm, wurde er schnell wieder abgesetzt.

Das Westerländer Kurzentrum mit seinen Hochhäusern

List-Vegas

So wurde das Hafenareal in List vor seiner Umgestaltung 2003 genannt. Der Grund: Wo heute Fischrestaurants und Souvenirläden stehen, reihte sich früher eine „Spielhölle" an die nächste. Nachts wurde die Szenerie von zahlreichen bunten Neon-Reklamen erleuchtet. Einige Einheimische nennen ihren Hafen zwar auch heute noch etwas spöttisch „List-Vegas", der Name „Lachs-Vegas" wäre allerdings passender. Denn das Areal rund um den Fähranleger ist seit vielen Jahren fest in der Hand des Sylter Fisch-Papstes Jürgen Gosch, der hier 1972 die → *„nördlichste Fischbude Deutschlands"* eröffnete und heute mehrere Restaurants und Läden im Hafen betreibt.

Die „Nördlichste Fischbude Deutschlands" steht im Hafen von List

LORAN-C-Station

Auf dem Weg in den Inselsüden ragt mitten aus den Dünen zwischen Rantum und Hörnum ein riesiger, fast 200 Meter hoher Mast, der in der unberührten Natur wie ein Fremdkörper wirkt. Seit 1962 steht er in Höhe des Sansibar-Strandes und hört auf den Namen „LORAN-C-Station", wobei der erste Teil des Namens für „Long Range Aid to Navigation" steht. Vor seiner Abschaltung zum Jahresende 2015 war der Mast eine Navigationshilfe für Schiffe, die in einer Entfernung von bis zu 2.500 Metern georten werden konnten. Aufgestellt wurde er 1963 von der amerikanischen Küstenwacht „Coast Guard". Im Kalten Krieg überwachte der 72-Tonnen-Koloss das komplette Nordatlantikgebiet, um den Weg amerikanischer Schiffe zu sichern. Mittlerweile ist die LORAN-C-Station außer Betrieb und dient höchstens noch orientierungslosen Insel-Erstbesuchern als kleine Navigationshilfe bei der Suche nach der → *„Sansibar".*

Mariann

Wer am Strand von Braderup unterhalb des Weißen Kliffs spazieren geht, der trifft dort Mariann. Und zwar jeden Tag und zu jeder Zeit. Egal ob morgens oder abends, Sommer oder Winter: Die Schwedin Mariann ist immer am Strand – allerdings nur bei Ebbe. Mariann ist übrigens Baujahr 1903, also schon ein etwas älteres Semester. Und sie ist ein Schiff. Genauer gesagt, ein Schiffswrack, das

2016 erstmals im Wattenmeer aufgetaucht ist und seitdem bei Ebbe in etwa 200 Metern Entfernung zum Strand sichtbar wird. Der schwedische Dreimaster wurde 1961 von einer Künstlergruppe in den Munkmarscher Hafen geschleppt, die aus dem ehemaligen Getreide-Transport-schiff ein schwimmendes Café machen wollten. Als die Sylter Behörden hierfür keine Genehmigung erteilten, musste die „Mariann" den Hafen verlassen und ankerte stattdessen im Wattenmeer vor dem Weißen Kliff – und zwar ziemlich lange. Denn auch aus dem neuen Plan der Künstler, ein Kabarett aus dem Schiff zu machen, wurde nichts. Nachdem die „Mariann" einige Zeit als inoffiziel-les Partyschiff genutzt wurde, fiel es 1981 einem Brand-stifter zum Opfer.

Meeresleuchten

„Meeresleuchten" – was so romantisch klingt, ist in Wirk-lichkeit nichts weiter als eine chemische Reaktion, genauer gesagt, ein Phänomen der sogenannten Biolumiszenz. Streng genommen müsste das „Meeresleuchten" auch eigentlich „Noctiluca-miliaris"-Leuchten heißen, denn diese kleinen Tierchen sind es, die leuchten – und nicht das Meer selbst. Die mikroskopisch kleinen Einzeller, deren Name übersetzt „Nachtlaternchen" bedeutet, geben Energie in Form von Licht ab, ähnlich den Glühwürm-chen. Zu Milliarden schwimmen sie im Wasser und las-sen dieses in geheimnisvollen türkis-blauen Licht erstrah-len. Sobald sie durch die Bewegung der Wellen äußerlich gereizt werden, beginnen sie zu leuchten. Ob sie dies zu Kommunikationszwecken oder aus anderen Gründen tun, ist nicht ganz klar – aber sie tun es schon seit vielen Jah-ren. Bereits im Altertum waren die Menschen von diesem Naturschauspiel fasziniert und versuchten sich dieses durch Neptun oder die römische Göttin Venus zu erklären. Von Biolumiszenz wusste man damals noch nichts … Zu beobachten ist das Meeresleuchten mit etwas Glück auch an den Sylter Stränden. In warmen, windstillen Sommernächten, wenn das Meer schön ruhig ist, stehen die Chancen am besten, in den Genuss der wohl schönsten chemischen Reaktion der Welt zu kommen. Und die ist gar nicht so unromantisch, wie sie klingt.

Meersalz

Warum die Nordsee so salzig ist, wissen wir spätestens seit der Sage von → *Ekke Nekkepenn*. Warum bis vor ein paar Jahren niemand auf die Idee kam, auf Sylt oder anderswo in Deutschland Meersalz zu produzieren, ist ebenfalls schnell erklärt: Bei der Salzgewinnung wird das Meerwasser in flachen Becken gesammelt. Wind und Sonne trocknen es bis nur noch die Salzkristalle zurückbleiben. Neben viel Sonne und mäßigem Wind braucht es für diesen Vorgang auch eine niedrige Luftfeuchtigkeit – Gegebenheiten, für die Sylt und die übrige deutsche Nordseeküste nicht unbedingt bekannt sind. Doch davon wollte sich der ehemalige Sternekoch Alexandro Pape nicht abhalten lassen, seinen Traum vom Sylter Meersalz zu verwirklichen. Und so entwickelte er zusammen mit einem Unternehmen aus Kiel ein thermisches Verfahren, das die natürliche Salzgewinnung imitiert. Es basiert auf dem bewährten Prinzip von Verdunstung und Kondensation und ist dabei völlig unabhängig von den oftmals unberechenbaren Sylter Wetterverhältnissen. Seit 2013 produziert Pape in List das einzige Meersalz Deutschlands – und zwar bis zu 50 Kilogramm täglich. Das reine Naturprodukt wird von Hand gesiebt und abgefüllt. Dank bestem Nordseewasser ist es reich an Mineralien und Spurenelementen und sowohl in einer groben als auch einer feinen Variante in der Manufaktur in der Lister Hafenstraße erhältlich. Aus dem reinen Kondensat der Salzgewinnung braut Manufaktur-Chef Pape übrigens das Insel-Bier „WATT Blondes".

Sylter Meersalz GmbH & Co. KG, Hafenstraße 2,
25992 List

Milchkurhalle

Träumen die Inselgäste heute von fangfrischen Krabben oder einem leckeren Fischbrötchen, war zu früheren Zeiten Milchreis der Traum eines jeden hungrigen Sylt-Besuchers. Und nicht nur der. Auch die Insulaner selbst liebten in der Nachkriegszeit den so einfachen wie leckeren Brei. Es entwickelte sich eine regelrechte Milchreis-Kultur, deren Anhänger sich in der Westerländer „Milchkurhalle" im Paradies wähnen mussten. Diese befand sich von 1951 bis 1998 im heutigen Strandrestaurant „Badezeit" an der Promenade und wurde von der Sylter Meierei-Genossenschaft betrieben. Diese wollte mit dem Lokal den Absatz ihrer Trinkmilch fördern und servierte dort von Mai bis Oktober über 100 verschiedene Milchspeisen. Warum vor allem der Milchreis auf der Insel so beliebt war, beziehungsweise natürlich auch immer noch nicht ist, dafür gibt es verschiedene Theorien. Zum einen wird er damit erklärt, dass in der Nachkriegszeit viele unterernährte Kinder zu Kuren auf die Insel kamen und dort mit dem sahnigen, kalorienreichen Gericht wieder ein wenig aufgepäppelt wurden. Zum anderen vermutet man, dass auch die salzige Nordseeluft ihren Teil zum großen Appetit auf den süßen Brei beiträgt.

Moin

Wer annimmt, „Moin" bedeute einfach nur so viel wie „Guten Morgen", der irrt gewaltig. Denn „Moin" bedeutet sehr viel mehr: „Guten Tag", „Guten Abend" und – ja natürlich – auch „Guten Morgen", aber eben nicht nur. „Moin" ist die wohl praktischste Erfindung der als wortkarg geltenden Friesen, denn der Gruß passt zu jeder Tages- und Nachtzeit, in jeder Situation und bei jedem Gegenüber. Ob Metzgersfrau, Bürgermeister oder Ehemann – „Moin" geht immer. Wird man auf der Insel hingegen mit einem „Moin Moin" begrüßt, so hat man es offensichtlich mit einem sehr gesprächigen Sylter zu tun, der landläufig wahrscheinlich sogar schon als geschwätzig gilt. Denn „Moin Moin" ist etwas herzlicher und offener als einfach nur „Moin". Es signalisiert: Da hat jemand Zeit – und Lust – für einen ausgiebigen Klönschnack. „Moin" stammt übrigens aus dem Plattdeutschen und leitet sich vom Wort „Mooi" ab, was in etwa so viel wie „schön" bedeutet – also eigentlich ziemlich herzlich, auch wenn man es nur in der einfachen Form benutzt.

Nis Puk

Jeder Sylter, auch der allerkleinste, kennt Nis Puk, denn Nis Puk ist so etwas wie der nordfriesische Pumuckel. In der Sage verkörpert er das Schicksal und ist verantwortlich für Glück und Unglück. Deshalb gewährten ihm die Insulaner in früheren Jahren Unterschlupf in einer Ecke ihres

Hauses – natürlich nur symbolisch. An Weihnachten stellt man ihm in seine Ecke eine Schüssel mit Roter Grütze, um ihn auch weiterhin friedlich zu stimmen. Denn tat man das nicht, so glaubte man, würde er in ein anderes Dorf ziehen. Und das wollte man natürlich nicht, denn Nis Puk hatte die Aufgabe, auf Haus und Hof zu achten, allerdings nur dann, wenn die Bewohner auch gut zu ihren Kindern und Tieren waren. Es gibt zahlreiche Kinderbücher über Nis Puk, der übrigens nicht sehr hübsch gewesen sein soll. Besonders auffällig scheinen seine großen Augen gewesen zu sein. Nicht umsonst gibt es auch heute noch das nordfriesische Sprichwort: „Hi glüüret üs en Pük", was so viel bedeutet wie „Er glotzt wie ein Puk".

Nördlichste Fischbude Deutschlands

Was fast wie ein Märchen klingt, ist in Wirklichkeit die (Erfolgs-)Geschichte des Sylter Fischpapstes Jürgen Gosch: Ein junger Maurer aus Tönning wird 1966 von seiner Baufirma nach Sylt geschickt. Da sein Baustellengehalt zwar gerade so zum Leben reicht, er damit aber auf der Insel keine großen Sprünge machen kann, verkauft er nach Feierabend mit einem Bauchladen Aale und Krabben. Als die Geschäfte immer besser laufen, tauscht er bald Kelle gegen Kochlöffel und ist bis 1972 als fliegender Händler am Strand und in der Westerländer Friedrichstraße unterwegs. Schließlich wird er mit einem kleinen, improvisierten Verkaufsstand im Lister Hafen sesshaft. Ein Schild propagiert diesen als „Nördlichste Fischbude Deutschlands" – und genau die war der Beginn einer Erfolgsgeschichte, die bis heute anhält. Zu verdanken hat der Fischpapst Gosch diesen Erfolg auch seinem unverkrampften Umgang mit den Schönen und Reichen, denen er seinen Fisch lautstark anpries – und gerne auch mal mit frechen Sprüchen auf den Arm nahm. Laut einer überlieferten Anekdote hat er sogar einmal die Kartoffelsuppe der Konkurrenz mit Krabben und Knoblauch aufgepeppt, in einem Porzellanteller serviert und 50 Pfennig mehr verlangt. In Sachen „Suppe" machte dem jungen Maurer damals sowieso niemand etwas vor: Um die fehlende Alkohollizenz zu umgehen, verkaufte er seine „wahre Fischsuppe", die ohne Gräten und – überraschenderweise – auch ohne Fisch auskam. Vielmehr bestand sie aus Schnaps und Zitronenlimo und kam nicht nur bei den Gästen, sondern auch beim damaligen Gemeinderat gut an. Dieser lud ihn, nachdem seine besonderen Suppen-Idee aufgeflogen war, ins Rathaus ein und erteilte ihm tatsächlich die gewünschte Alkohollizenz. Dem vorangegangen sein sollen einige Probierrunden der „wahren Fischsuppe". Heute ist Jürgen Gosch einer der erfolgreichsten Gastronomen der Republik und seine Fischbude im Hafen ist immer noch die nördlichste Deutschlands – wenngleich sie auch in den vergangenen Jahrzehnten um einiges größer geworden ist und nur noch „echte" Fischsuppe verkauft.

Gosch – „Nördlichste Fischbude Deutschlands",
Hafenstraße 111, 25992 List

P

Pesel

Wer sich auf Sylt heutzutage auf die Suche nach einem „Pesel" begibt, wird schnell fündig: Aktuelle und ehemalige Restaurants sowie diverse Ferienhäuser und Appartements tragen diesen typisch friesischen Namen. Findet man heute in so gut wie jedem Inselort einen Pesel, so gab es ihn in früheren Zeiten sogar in jedem Haus – zumindest in jedem typischen Friesenhaus. Denn dort war der Pesel die „gute Stube", gleichzusetzen mit den „guten Schuhen", die man auch nur zu besonderen Anlässen aus dem Schrank holt. Und zu eben solchen besonderen Anlässen wurde auch der Pesel genutzt. Man traf sich dort zu Familienfeiern und an Festtagen, empfing Besuch und bahrte dort sogar Verstorbene bis zu deren Beerdigung auf. Dass der Pesel nicht aussah wie jeder andere Raum

Typischer Pesel im „Altfriesischen Haus" in Keitum

im Haus, versteht sich von selbst. Hier wurde gezeigt, was man hat und wer man war: Holzvertäfelte Wände, prunkvolle Dekorationen, goldglänzende Kronleuchter, reich verzierte Möbel. Das einzige, das es hier nicht gab, war ein Ofen. Denn im Gegensatz zu den Alltagsräumen, die die Bewohner regelmäßig nutzten – und die wesentlich mehr Wärme und Gemütlichkeit ausstrahlten – wurden die Pesel nicht geheizt. Einen originalgetreuen Pesel gibt es im Museum → *„Altfriesisches Haus"* in Keitum zu sehen, in dem sogar geheiratet werden kann – und zwar dank nachgerüsteter Heizung auch im Winter.

Petritag

Der 22. Februar ist nicht nur der Namenstag des Schutzpatrons der Fischer, sondern war zu Zeiten der Seefahrt und des → *Walfangs* auf Sylt ein wichtiger Gerichtstag. Kurz bevor die Männer mit ihren Schiffen wieder Richtung Grönland aufbrachen, wurden auf der Insel kleine Streitigkeiten und Auseinandersetzungen verhandelt sowie Testamente verfasst. Die Männer wollten für ihre Familien alles geklärt wissen, für den damals leider nicht ganz unwahrscheinlichen Fall, dass sie nicht mehr von ihrer Seefahrt zurückkehrten. War man sich einig, folgte ein Fest mit Gesang und Tanz – und schließlich der Abschied von den Kapitänen, Walfängern und Seemännern. Heute ist der 22. Februar fest in den Händen der kleinen Friesen, die an diesem Tag schulfrei haben. In fast allen Orten finden nachmittags Tanzveranstaltungen für Kinder und friesische Theateraufführungen statt. Für diese bekommen die Kinder von Oma, Opa und anderen Verwandten den Petritag-Taler spendiert. Am Abend vor dem Petritag finden auf der Insel die traditionellen → *Biikebrennen* statt, mit denen der Winter vertrieben werden soll.

Pony

Ein „Pony" in einem Lexikon über Sylt? Klingt komisch, ist es aber nicht. Denn das Pony, um das es hier geht, steht seit 1961 in der legendären Kampener → *Whiskymeile* und ist eine nicht minder legendäre Bar mit einer prominenten Vergangenheit. In dem kleinen Lokal trafen sich in den 1960er Jahren, der Zeit als der berühmte Sylt-Mythos entstand, die Schönen, Reichen und Berühmten. Apropos berühmt: Seine Bekanntheit hat das Kampener „Pony" dem österreichischem Skilehrer Gebi Götsch zu verdanken, der es 1966 übernahm, nachdem er dort einige Jahre an der Bierbar gearbeitet hatte. Er lockte – wie auch immer er dies anstellte – eine illustre Klientel in seine Bar. Darunter Namen wie Krupp, Bismarck, Netzer, Juhnke, Springer und allen voran natürlich Sachs. Der schöne Gunter hatte seinen Stammplatz jahrelang an Tisch Eins an der Fensterbank. Seinen Lieblings-Nachtclub, der nach eigenen Angaben der älteste Club Deutschlands ist, bezeichnete er mal als „Die Perle der Auster", mal als „Landebahn für Erosbummler". Was auch immer das „Pony" war oder ist, fest steht: Auch knapp sechs Jahrzehnte nach seiner Eröffnung ist es heute noch immer eine der wenigen wahren Insel-Institutionen. Und deshalb hat das kleine Pony mit der großen Vergangenheit diesen Lexikon-Eintrag auch mehr als verdient.

Club Pony, Strönwai 6, 25999 Kampen

R

Rantumbecken

Wo eigentlich Wasserflugzeuge landen sollten, tun dies heute Gänse, Graureiher & Co. Das knapp 600 Hektar große Rantumbecken wurde 1936 durch den Bau eines fünf Kilometer langen Deiches vom Wattenmeer abgetrennt. Der Plan: Hier sollten die Flugzeuge der Wehrmacht stationiert werden, die von Sylt aus England erobern wollten. Doch es kam zum Glück ganz anders. Nachdem die Wehrmacht kurz nach Fertigstellung des Rantumbeckens das für sie strategisch günstigere dänische Festland erobert hatte, baute sie sich dort Fliegerhorste. Das Rantumbecken wurde somit nicht mehr benötigt. Daher wollte man es nach dem Zweiten Weltkrieg trockenlegen und auf dem entstandenen Marschland landwirtschaftliche Betriebe ansiedeln. Doch auch hier kam es wieder ganz anders. Statt es auszutrocknen, wurden eine Zeit lang die Abwässer von Westerland hineingeleitet, bevor das Rantumbecken schließlich das wurde, was es heute ist: Eines der schönsten Fleckchen der Insel und ein Paradies für Reiher und Ruhesuchende, für Vogelfans und Fahrradfahrer. Ab 1962 wurde es aufwendig renaturiert und zum Seevogelschutzgebiet erklärt. Mit der Zeit entwickelten sich zahlreiche kleinere und größere Biotope und Sümpfe, in denen mehr als 200 zum Teil vom Aussterben bedrohte Vogelarten leben. Und während des Vogelzugs werden es noch mehr. Denn dann rasten hier riesige Schwärme auf ihrem Weg in den Süden und machen das ansonsten so ruhige Rantumbecken zu einer wahren Piepshow. Deren absoluter Stargast ist übrigens seit ein paar Jahren ein beeindru-

ckend großer Albatros mit einer geschätzten Flügelspann-
weite von zweieinhalb Metern. Der gibt sich allerdings –
wie es sich für einen echten Star gehört – nur unregelmä-
ßig die Ehre. Mehr über das einzigartige Rantumbecken
und seine gefiederten Bewohner weiß der Verein „Jord-
sand", der regelmäßig Führungen anbietet.

Zugang zum Rantumbecken am Ende der Hafenstraße,
25980 Sylt/OT Rantum
www.jordsand.de

Rasende Emma

Dass sie wirklich rasend schnell unterwegs war, bleibt zu
bezweifeln. Zumindest aber verband die Schmalspurbahn
Rasende Emma von 1888 bis 1970 die Sylter Inselorte miteinander und sorgte so dafür, dass die Sommerfrischler –
mehr oder weniger schnell – vom Munkmarscher Hafen
in ihre Ferienunterkünfte kamen. Einen genauen Fahrplan
gab es nicht, vielmehr waren die Abfahrzeiten abhängig
von der Ankunft der Fährschiffe, die wiederum abhängig
waren von Ebbe und Flut. Eine große Anhängigkeit also –
und eine große Liebe. Denn die Sylter waren große Fans
ihrer knallroten Emma mit der auffälligen blauen Nivea-
Werbung. Umso mehr wird sie freuen, dass ihr „Dünen-
Express", wie die Bahn auch genannt wurde, derzeit res-
tauriert wird und schon in ein paar Jahren wieder rollen
wird. Allerdings leider nicht über Sylt, sondern durch
Nordrhein-Westfalen.

Deichweg am Vogelschutzgebiet Rantumbecken

Riesenbetten

Auf einer vom Tourismus geprägten Insel wie Sylt könnte man leicht annehmen, bei den „Riesenbetten" handele es sich um Schlafplätze für besonders große Urlauber – quasi um die Gegenstücke zu den engen → *Alkoven*, in denen nur Mini-Menschen Platz finden. Sie begegnen einem allerdings nicht in Hotels oder Pensionen, sondern auf dem Weg, der zwischen Nössedeich und Wattenmeer nach Morsum führt. Neben jeder Menge kleiner Schafe gibt es hier nämlich auch große Steine und die werden von den Syltern „Riesenbetten" genannt. Bei den oval angeordneten Findlingen, die auf Höhe von Archsum im Watt liegen, handelt es sich um die Reste von rund 5.000 Jahre alten Hünengräbern. Als diese in der Steinzeit errichtet wurden, lag der Meeresspiegel etwa zehn Meter tiefer als heute, daher werden die Archsumer „Riesenbetten" nur bei Ebbe sichtbar. Damals wurde auf die Findlinge eine Deckenplatte gelegt und diese mit einem Erdhügel bedeckt, um darin die Verstorbenen zu bestatten.

Ringreiten

Neben Teetrinken ist das Ringreiten der zweite große Volkssport der Friesen. Ziel ist es, einen kleinen Messingring, nicht größer als ein Ehering, auf eine Lanze aufzuspießen. Klingt nicht allzu schwierig, ist es aber. Denn das Ganze geschieht, wie der Name „Ringreiten" bereits vermuten lässt, hoch zu Ross sitzend und in vollem Galopp. Der Ring hängt dabei etwa zwei Meter über den Köpfen der Reiter an einer Leine zwischen zwei Pfählen. Erschwerend kommt hinzu, dass sich die Reiter zwischen zwei Runden mit einem Satteltrunk in Form von Teepunsch oder Bowle stärken – was die Trefferquote nicht unbedingt erhöht. Das erste Ringreitturnier auf Sylt fand 1841 in Keitum statt. Heute wird der Volkssport, für den die Reiter vorher übrigens nicht extra üben oder trainieren, in den östlichen Inselorten Morsum, Keitum und Archsum zelebriert. Bei den Turnieren herrscht unter den Reitern strikte Geschlechtertrennung. Teilnehmen dürfen die rund 200 Mitglieder der acht Sylter Ringreitvereine, darunter auch drei reine Frauenvereine, wobei der älteste auf 1861 datiert.

Rüüm Haart, Klaar Kimming

Was auf zahlreichen Flaggen in Sylter Vorgärten prangt und sich auf Insel-Souvenirs wie Tassen oder T-Shirts findet, ist seit vielen Jahrhunderten der Leitspruch der Friesen. Übersetzt heißt er so viel wie „Weites Herz, klarer Horizont" und bedeutet, dass man anderen gegenüber immer offen und hilfsbereit sein soll, ohne dabei sein Ziel aus den Augen zu verlieren. „Rüüm Haart, Klaar Kimming" stammt aus der Zeit der Seefahrer, die diesen Spruch gewählt haben, um ihre Weltoffenheit, aber auch ihre Hoffnung auf ein wohlbehaltenes Nachhausekommen auszudrücken.

S

Sandvorspülungen

Die Sylter Südspitze im Sommer. Ein großes, fast militärisch wirkendes Schiff kreuzt in einigen Kilometern Entfernung zur Küste. Stundenlang. Tagelang – ohne sich dabei so richtig vom Fleck zu bewegen. Wer annimmt, dies sei die Mega-Yacht eines russischen Oligarchen oder ein wichtiger Politiker weile gerade auf der Insel, weshalb diese bewacht werden muss, irrt gewaltig. Zwar geht es hier auch um Schutz, aber um einen ganz anderen – um Küstenschutz. Denn besagtes Schiff ist weder Mega-Yacht noch Küstenwache, sondern ein Spülschiff, auch Hopperbagger genannt. Seine Aufgabe: Für Sandnachschub an Sylts sturmgebeutelter Westküste sorgen. Diese verliert durch Wind und Wellen rund eine Millionen Kubikmeter Sand im Jahr, der seit 1983 durch aufwendige Sandvorspülungen wieder zurück an die Strände gebracht wird – eben mit jenem Hopperbagger. Und mit Erfolg. Denn dank dieser Maßnahme, die bis zu doppelt so viel Sand an die Strände spült, wie verloren geht, ist die Insel für die jährliche Sturmsaison gut gerüstet. Die Spülschiffe sind zwischen Mitte April und Mitte Oktober im Einsatz vor der Sylter Westküste. Dort saugen sie aus bis zu 30 Metern Tiefe ein Sand-Wasser-Gemisch an. Das wird in den Laderaum befördert und wenn dieser nach gut einer Stunde voll ist, nähert sich das Schiff der Küste. Über eine 1,2 Kilometer lange Rohrleitung wird das Wasser-Sand-Gemisch an den Strand gespült – und zwar mit mächtig Druck. In großen Fontänen spritzt es aus den Rohren und mit ihm – sehr zur Freude der Sylter Möwen – zahlreiche

Sandvorspülung am Strand von Hörnum

Würmer und andere kleine Meerestiere. Der aufgespülte Sand wird nun mit Planierraupen verteilt und plattgewalzt, das Wasser fließt zurück ins Meer oder versickert. Zurück bleibt neuer fester Sand, der nicht nur die Urlauber erfreut, sondern auch die Insel schützt. Zwischen sechs und sieben Millionen Euro lässt sich das Land diese Küstenschutzmaßnahmen jedes Jahr kosten – Geld, das in einen Hopperbagger definitiv sehr viel besser investiert ist als in die Mega-Yacht eines russischen Oligarchen.

Sansibar

Die „Sansibar" gehört zu Sylt wie das Hofbräuhaus zu München. Manch einer bezeichnet sie als „Treffpunkt der Schickeria" – und tut ihr damit unrecht. Ein anderer denkt, sie sei einfach nur ein nettes Restaurant in den Dünen – und unterschätzt sie dabei. Denn die „Sansibar" ist zwar von allem ein bisschen, aber auch sehr viel mehr. Und sie ist die Geschichte eines jungen schwäbischen

Kult-Restaurant „Sansibar" in den Dünen von Rantum

Kochs, die beweist, dass das Märchen „Vom Tellerwäscher zum Millionär" tatsächlich wahr werden kann. Und zwar nicht nur in Hollywood, sondern auch in Rantum. Dieser junge Koch kam 1974 im Alter von 22 Jahren eher zufällig nach Sylt, arbeitete ein paar Jahre in diversen Restaurants und kaufte schließlich von seinen Ersparnissen einen kleinen Kiosk am FKK-Strand zwischen Rantum und Hörnum. Der Name des Kiosks: „Sansibar", der Name des Kochs: Herbert Seckler. Für seinen neun Quadratmeter kleinen Kiosk zahlte er 250.000 Mark. Ein kleines Vermögen für den Schwaben, der für diesen Kauf von vielen belächelt wurde. Da das Kioskgeschäft allein nicht ausreichte, um seine hohen Schulden zu tilgen, bot er irgendwann neben Eis und Zigaretten auch selbstgekochte Erbsensuppe und Bockwürste an. Außerhalb der Saison ackerte er auf Butterschiffen – alles, um seinen Lebenstraum, den kleinen Kiosk in den Dünen, halten zu können. 1982 dann der Tiefschlag: Sein Sansibar-Kiosk brennt fast vollständig ab, vermutlich Brandstiftung, aber Seckler lässt sich nicht unterkriegen und baut es wieder auf. Noch größer, noch schöner. Dann endlich wird er für seine Ausdauer und seine Mühen belohnt, denn nur wenig später betritt Playboy und Starfotograf Gunter Sachs das erste Mal seine „Sansibar". Ihm folgen nationale Sternchen und internationale Stars, Verleger und Industrielle, Politiker und Spitzensportler. Der Rest ist Geschichte, beziehungsweise Märchen – das Märchen „Vom Tellerwäscher zum Millionär". Denn mittlerweile ist aus dem kleinen schwäbischen Koch einer der erfolgreichsten Gastronomen der Republik geworden, dessen rund 180 Mitarbeiter in der Hauptsaison bis zu 3.000 Gerichte servieren – und zwar nicht nur dem Promi aus dem Fernsehen, sondern auch dem Postboten aus Frankfurt. Denn auch das ist eines der Erfolgsgeheimnisse von Deutschlands berühmtesten Strandrestaurant: Hier ist jeder willkommen. Getreu dem Motto von Herbert Seckler, das er täglich an sein Team weitergibt: „Macht die Leute glücklich!".

Parkplatz „Sansibar", Hörnumer Straße 80,
25980 Sylt/OT Rantum

Schmidt, Calle

Sylt und Surfen gehören zusammen wie Köln und der Karneval. Doch wie kam der einstige Ami-Sport eigentlich überhaupt zu uns nach Europa? Calle Schmidt, ein junger Werbekaufmann aus dem Sylter Dörfchen Rantum, wäre wohl nicht unbedingt der erste, der einem zu dieser Frage einfällt. Aber genau er war es. Er hat das Windsurfen auf unserem Kontinent salonfähig gemacht. Als er sich im Frühjahr 1972 ein Surfbrett aus Kalifornien bestellte, wurde er dafür noch belächelt. Heute führt er eine Surfschule an der Munkmarscher Bucht – übrigens die erste in Europa – und verrät Anfängern sowie Fortgeschrittenen gerne ein paar Tipps und Tricks rund ums „Brettsegeln", wie das Surfen in seinen Anfängen noch genannt wurde. Calle Schmidt war im Mai 1972 zudem der Erste, der jemals auf der Hamburger Alster gesurft ist – und zwar in Begleitung eines Fotografen und einer Presseagentur, die der umtriebige Werbefachmann dorthin bestellt hatte. Mit Erfolg: Das Bild vom surfenden Alster-Calle wurde deutschlandweit gedruckt, unter anderem auch im „Spiegel", und im darauffolgenden Sommer gaben sich die Fernsehsender auf Sylt die Klinke in die Hand. So geht erfolgreiche Sportgeschichte, wenn sie Calle Schmidt, ein junger Werbekaufmann aus dem Sylter Dörfchen Rantum schreibt.

Surfschule „Syltsurfing", Bi Heef 4,
25980 Sylt/OT Munkmarsch
www.syltsurfing.de

Schweinswale

Zwischen Sylt und Amrum tummeln sich zahlreiche vom Aussterben bedrohte Schweinswale, die man mit etwas Glück auch einmal ganz nah am Ufer vorbeischwimmen sieht. Die besten Chancen dazu hat man bei Ostwind am Sylter Weststrand, wo sie am liebsten auf die Jagd nach Fischen gehen. Seit Ende 1999 fühlen sich die rund 1,80 Meter großen Schweinswale in ihrem Revier vor Sylt noch wohler – und vor allem noch sicherer. Dank des hier eingerichteten Walschutzgebietes, das das erste seiner Art in Europa war, ist der Schiffsverkehr strikt geregelt, schnelle oder laute Fahrzeuge wie Jet-Skis sind verboten. Zudem ist ausschließlich kontrolliertes Fischen erlaubt. Beste Voraussetzungen also für das Gebären und die Aufzucht zahlreicher Walkälber. Mittlerweile wird die Schweinswal-Population allein in dem Gebiet vor Sylt und Amrum auf etwa 6.000 Tiere geschätzt. Anfang der 1990er Jahre wur-

Schweinswal vor Sylt

den sie in die „Rote Liste gefährdeter Tier- und Pflanzen-arten Deutschlands" aufgenommen, seitdem erholt sich der Bestand zunehmend. Zuvor verendeten in den Stell-netzen der deutschen Nordsee jedes Jahr über 7.000 Schweinswale. Mehr über die „Kleinen Tümmler", wie die Tiere auch genannt werden, erfährt man an den 12 inter-aktiven Stationen des Whalewatcher-Trails an der Sylter Westküste. Ob man dort auch erfährt, wie der Schweins-wal zu seinem Namen kam? Wer weiß … Deshalb sei es nun an dieser Stelle verraten: Der griechische Philosoph Aristoteles (384-322 v. Chr.) zerlegte vor vielen tausend Jahren einen ebensolchen Wal – in der Annahme, es han-dele sich dabei um einen ziemlich großen Fisch. Verwun-dert stellte er fest, dass dessen Inneres so gar nichts mit einem Fisch gemein hatte, sondern eher einem Schwein ähnelte. Folglich nannte er das soeben sezierte Tier „Schwein des Meeres", weshalb der Schweinswal im Eng-lischen auch „Puffing Pig", also „schnaubendes Schwein" genannt wird.

Seekühe

Mit ihrer enormen Größe müssten die Sylter Seekühe eigentlich im „Guinness Buch der Rekorde" stehen. Dass sie dies nicht tun, liegt daran, dass es sich bei den an die-ser Stelle gemeinten Seekühen nicht um die tierischen Exemplare handelt. Vielmehr geht es um die vier- und sechsfüßigen Betongerüste, die an der Ostküste kurz vor List aus dem Watt ragen. Ja, genau die, die man schon aus weiter Entfernung vom Autozug sieht – und die von Wei-tem tatsächlich aussehen wie ihre pflanzenfressenden Namensvetter und deshalb von den Sylter auch so genannt werden. Die Gerüste sind nicht etwa, wie oftmals ange-nommen, zum Austern züchten gedacht, sondern vielmehr ein Überbleibsel aus dem Dritten Reich. Damals hatte sie die Luftwaffe als Zielscheiben für Schießübungen errichtet – und seitdem wurde wohl irgendwie vergessen, sie wieder abzubauen. Dies könnte sich allerdings bald von ganz alleine erledigt haben, denn der Eisgang im Winter lässt die Betonkonstruktionen mehr und mehr zusammenstürzen.

Silvesterbräuche

Ein eigener Eintrag für Silvesterbräuche? Na klar! Denn Sylt wäre nicht Sylt, wenn es sich mit Feuerzangenbowle, Blei gießen und Raketen abschießen zufriedengeben würden – zumal letzteres auf der Insel wegen der hohen Brandgefahr durch die vielen Reetdächer sowieso verboten ist. Deshalb gilt bei den Insulanern am letzten Tag des Jahres auch das Motto „Brauchtum statt Böller". Vor allem die Morsumer leben und lieben dieses Motto heiß und innig. Beim traditionellen „Rummelpottlaufen" ziehen sie maskiert durchs Dorf und besuchen ihre Nachbarn, um ihnen friesische Lieder vorzusingen oder kleine Sketche aufzuführen. Diese behandeln kritisch die Sylter Themen des Jahres, zu denen meist die Wohnungsnot oder aktuelle politische Entscheidungen gehören. Seinen ungewöhnlichen Namen verdankt der Maskenlauf einem Topf, also einem Pott, der früher mit einer Schweinsblase bespannt war. Durch lautes Draufschlagen sollten so die bösen Geister vertrieben werden. Los geht das „Rummelpottlaufen" bereits nachmittags mit den kleinen Morsumern, die als Dankeschön für ihren Auftritt Süßigkeiten geschenkt bekommen. Am Abend sind die großen Maskenläufer unterwegs, die sich über ein Gläschen Schnaps freuen. Genauso hochprozentig, aber noch ein wenig älter ist die Tradition der Altjahresumritte, die bereits seit dem 18.

Jahrhundert stattfinden und den Teilnehmern einiges an Kondition abverlangen. Bis zu acht Stunden reiten sie verkleidet durch die Dörfer, besuchen Nachbarn und Freunde und erbitten sich einen Satteltrunk – wobei vor allem die weiblichen Reiter meist recht schnell vom hochprozentigen Kurzen auf heißen Kaffee umsteigen. Ein anderer, etwas kurioser Silvesterbrauch konnte sich über die Jahrhunderte allerdings nicht durchsetzen, worüber die Sylter nicht allzu traurig sein dürften. Beim so genannten „Pötjsmiten" bewarfen die Insulaner im 19. Jahrhundert die Haustüren unbeliebter Menschen mit Töpfen, Pfannen und anderem Kram, den sie gerne loswerden wollten. Statt eines Satteltrunks gab es damals Fersengeld – und wahrscheinlich einen Satz neuer Töpfe für die Pötjsmiter.

Small Five

In Afrika gibt es die „Big Five", auf Sylt – bescheiden wie die Insel bekanntermaßen ist – nur die „Small Five". Während mit ersterer die typischen Safari-Tiere Elefant, Nashorn, Büffel, Löwe und Leopard gemeint sind, die man bei einer Tour durch die Savanne gar nicht übersehen kann, muss man bei den „Small Five" schon etwas genauer hinschauen: Wattwurm, Herzmuschel, Strandkrabbe, Wattschnecke und Nordseegarnele – so die Namen der kleinen Nordsee-Stars, denen man mit etwas Glück bei einer Wattwanderung begegnet. Sie tummeln sich mit unzähligen anderen Tieren und Tierchen auf dem von der Ebbe freigelegten Meeresboden, wobei man das „unzählig" tatsächlich wörtlich nehmen kann, denn auf einem Quadratmeter Watt leben rund zwei Millionen Organismen. Ein ebenso enger wie faszinierender Lebensraum, an dessen besondere Bedingungen und Herausforderungen sich seine Bewohner bestens angepasst haben. Sie trotzen dem Wechsel der Gezeiten genauso wie den häufigen Stürmen im Herbst und der nicht ganz so häufigen Hitze im Sommer. Wer mehr über die „Small Five" und ihre Watt-Nachbarn erfahren möchte, kann dies auf einer der vielen geführten Touren, die zum Beispiel die „Schutzstation Wattenmeer" in Keitum anbietet.

Infos zu Wattwanderungen
unter www.schutzstation-wattenmeer.de

Söl'ring

Sylt liegt bekanntermaßen in Nordfriesland. Diese Tatsache verleitet viele Nicht-Klookschieter zu der ebenso verwegenen wie falschen Annahme, die Sylter würden Friesisch sprechen. Doch dies ist genauso falsch wie die Formulierung „in Sylt". Denn die Insulaner sprechen Söl'ring – zumindest noch einige der älteren, traditionsbewussten. Söl'ring ist zwar auch irgendwie Friesisch, aber eben Sylter Friesisch. Wer jetzt aber meint, das Ganze sei einfach „nur" ein Dialekt, der zählt offensichtlich ebenfalls nicht unbedingt zu den Klookschietern. Söl'ring ist eine eigenständige Sprache, die sogar in einigen Schulen und Kindergärten auf der Insel unterrichtet wird. Dort lernen schon die kleinen Sylter, was zum Beispiel „Oma" und „Opa" in der Sprache ihrer Vorfahren heißt. Nämlich: Mottji und Gooki. Klingt irgendwie Dänisch? Ist es auch, zumindest zum Teil. Denn Söl'ring, das so tatsächlich nur auf Sylt gesprochen wird, hat sich aus verschiedenen Seefahrersprachen wie Dänisch, Holländisch und natürlich Friesisch entwickelt.

Sonnenuhren

Sylt hat, bezogen auf seine Größe von nur 99 Quadratkilometern, die größte Sonnenuhr-Dichte Deutschlands. An rund 60 Sylter Häusern und Kirchen sind heute noch Sonnenuhren zu finden. Die meisten von ihnen sind auf Steinplatten an der Südseite der Gebäude angebracht und aufwendig mit Sonnen, Engeln oder der griechischen Sagenfigur Kronos, dem Gott der Zeit, verziert. Die älteste Sonnenuhr der Insel stammt aus dem Jahr 1750 und ist an einem Haus in der Westerländer Stadumstraße zu sehen. Auch an der Kirche St. Niels in Alt-Westerland befindet sich eine sehenswerte Sonnenuhr, die auf 1789 datiert und den Breitengrad von Sylt, sowie von Jerusalem zeigt. Gebaut wurde diese besondere Uhr von Carsten Hansen, einem Sylter Kapitän, der später als (wahrscheinlich einziger) Sonnenuhrbauer auf der Insel tätig war. Er und seine Kapitänskollegen waren es auch, die die Zeitmesser einst mit auf die Insel gebracht haben. Wer jetzt an das vermeintliche Sylter Schietwetter denkt und sich fragt, wie die Seeleute damals auf diese verrückte Idee kamen, dem sei gesagt: Das Wetter auf der Insel ist besser als sein Ruf. Und mit durchschnittlich rund 1.700 Sonnenstunden im Jahr muss sich Sylt nicht hinter Deutschlands südlichster Großstadt München verstecken. Dort lässt sich die Sonne nämlich nur etwa 60 Stunden mehr blicken.

Stolpersteine

Man kann sie leicht übersehen, doch vergessen sollte man sie nie. Denn die 20 Stolpersteine, die der Künstler Gunter Demnig auf der Insel verlegt hat, sind das sichtbare Zeichen eines ebenso dunklen wie wichtigen Kapitels der Sylter Geschichte. Sie erinnern an Opfer des Nationalsozialismus, die in den Gemeinden der Insel lebten und wirkten. So wie Käthe Siegert, die in der Westerländer Strandstraße 22 ein Geschäft betrieb, und 1944 in der Gestapozelle Suizid beging. Vor ihrem ehemaligen Laden, in dem sich heute wieder ein Supermarkt befindet, ist ein Stolperstein mit ihrem Namen und ihren Lebensdaten eingelassen. Auch Jens Emil Mungard, einer der wichtigsten Dichter Nordfrieslands, wurde Opfer des NS-Regimes, das auch vor Sylt keinen Halt machte. Er starb im Februar 1940 im Konzentrationslager Sachsenhausen. Was er hinterlässt sind einige bedeutende Gedichte und Theaterstücke – und einen Stolperstein an seinem letzten Wohnort in Keitum, der ihn und die zahlreichen anderen Opfer für immer unvergessen macht.

Straße der Höflichkeit

Als Hörnum 1948 an das Sylter Straßennetz angeschlossen wurde, gelangte man zunächst nur auf einer einspurigen Betonplattenfahrbahn in Richtung Rantum. Alle 200 Meter gab es Ausweichbuchten. In diesen warteten die Höflichen unter den Autofahrer auf den Gegenverkehr, der hoffentlich ebenso höflich war und sich durch freundliches Grüßen oder Winken bedankte. Oftmals mussten die Fahrer ein Stück rückwärts bis zur nächsten Bucht fahren und nicht selten landete ein Auto im Sand neben der Fahrbahn und blieb stecken. Ab 1961 wurden die Ausweichstellen mit hohen Stangen gekennzeichnet, um sie schon von Weitem sichtbar zu machen. 1969 wurde die Straße zwischen Hörnum und Rantum, die von den Sylter auch „Straße der Rosen" oder „Straße der Sonne" genannt wird, schließlich zweispurig – was aber nicht bedeutet, dass Höflichkeit hier seitdem verboten ist. Auch, wenn man das bei dem ein oder anderen Verkehrsteilnehmer, der einem hier begegnet, durchaus vermuten könnte.

Sylt Quelle

Glaubt man gängigen Klischees, fließt auf Sylt der Champagner in Strömen. Ob dies tatsächlich stimmt, sei an dieser Stelle einmal dahingestellt. Was aber tatsächlich fließt – und das rund um die Uhr, an 365 Tagen im Jahr – ist das glasklare, naturbelassene Insel-Mineralwasser. Seit 1993 sprudelt es mitten in den Rantumer Dünen aus einem Brunnenfeld, dessen Alter auf mehrere tausend Jahre geschätzt wird. Dabei ist das Wasser so besonders, wie die Insel selbst: Dank seiner einzigartigen Lage im Naturschutzgebiet ist es bestens vor schädlichen Umwelteinflüssen geschützt und somit besonders rein und hochwertig. Und besonders gesund. Als eines der wenigen deutschen Mineralwasser enthält die „Sylt Quelle" von Natur

Gebäude der Sylt Quelle im Rantumer Hafen

aus Jod – und zwar jede Menge. Eine Flasche deckt bereits rund 15 Prozent des Tagesbedarfs. Der Rest lässt sich ganz bequem bei einem Strandspaziergang einatmen, denn auch die Luft am Meer ist überaus jodhaltig. Von seinem rund 650 Meter tiefen Brunnen im Naturschutzgebiet fließt das Wasser über eine viereinhalb Kilometer lange Pipeline in die Hallen der „Sylt Quelle" am Rantumer Hafen. Auf dem Weg dorthin wird es gefiltert, entschwefelt und mit Sauerstoff gesättigt. Anschließend fließt es in einen der drei Abfülltanks, die jeweils 50.000 Liter fassen, und wird je nach Sorte mit viel, wenig oder gar keiner Kohlensäure versehen. Abgefüllt und etikettiert verlässt das Wasser dann schließlich die Insel und macht sich auf den Weg in die ganze Welt. Denn mittlerweile ist es auch außerhalb Sylts in ausgewählten Restaurants und Supermärkten erhältlich. Wer gerne mal probieren möchte, kann sich im Gebäude der „Sylt Quelle" ein Glas frisches Inselwasser selbst zapfen und anhand eines fast acht Meter hohen Modells einen Blick unter die Sylter Erdoberfläche werfen. Die leckeren Sole-Brötchen, die nicht mit Salz, sondern mit Rantumer Thermalsolewasser gebacken werden, gibt es dort allerdings nicht, sondern nur in den Filialen von „Michel´s Backhüs" in Westerland, Tinnum oder List.

Sylt Quelle, Hafenstraße 1,
25980 Sylt/OT Rantum

Sylter Maß

Wer schon einmal eine Ferienwohnung auf Sylt gemietet oder gar ein Haus gekauft hat, ist in der Immobilienbeschreibung wahrscheinlich über den Begriff „Sylter Maß" gestolpert. Dahinter verbirgt sich ein kleiner Trick – man könnte auch sagen, eine Schummelei – der Sylter Makler.

Die können dank dieser inseleigenen Maßeinheit ihre Objekte ein wenig größer angeben, als dies im restlichen Deutschland üblich ist. Beim „Sylter Maß" wird für die Berechnung der Quadratmeterangaben einfach von Fußleiste zu Fußleiste gemessen. Dachschrägen werden nicht berücksichtig und müssen daher auch nicht wie sonst von den Quadratmeterangaben abgezogen werden. Und es wird sogar noch ein wenig kreativer: Das Sylter Maß erlaubt den Maklern, auch Terrassen, Garagen oder Räume unter Treppen vollständig mit in die Größenangabe einzubeziehen. Die Folge: Der Quadratmeterpreis erscheint niedriger. Ob das bei den Sylter Preisen allerdings so viel hilft, ist mehr als fraglich...

Sylter Royal

Hinter dem königlichen Namen verbirgt sich die einzige deutsche Zuchtauster, die ihre Heimat vor einigen Jahren im Wattenmeer vor List gefunden hat. Seit 1986 wird sie in der Blidselbucht von der „Dittmeyer Austern-Compagnie" angebaut, die damit die über tausendjährige Austernzucht-Tradition auf Sylt fortführt. Noch bis in die 1950er Jahre gab es in der deutschen Nordsee Austern in rauen Mengen, die jedoch einer wenig umsichtigen Fischerei und einem überaus hartnäckigen Parasiten zum Opfer gefallen sind. Seitdem ist die heimische Auster auch aus dem Sylter Wattenmeer verschwunden und hat sich auch nie wieder dort ansiedeln lassen. Die Austerncompagnie züchtet stattdessen die wesentlich robustere Pazifische Felsenauster, deren einjährigen Setzlinge sie aus Irland importiert. Diese werden jedes Jahr im März und April auf den Austernbänken ausgesetzt, wo sie noch ein bis zwei Jahre wachsen – so lange, bis sie ihr Erntegewicht von mindestens 80 Gramm erreicht haben. Bis dies so weit ist,

Königin der Austern: die Sylter Royal

werden sie von den Lister Austernfischern liebevoll gehegt und gepflegt. Rund 40 Mal im Jahr fahren sie raus ins Watt, um nach ihren royalen Schützlingen zu sehen. Die leben in Netzsäcken, so genannten „Poches", die auf Eisengestellen liegen und bei Flut vom Meerwasser überspült werden. Die Säcke lassen dabei die wichtigen Nährstoffe der Nordsee durch, die für die besonders hohe Qualität der „Sylter Royal" verantwortlich ist. Um diese wichtige Nähr- und Sauerstoffzufuhr zu sichern, müssen die Austernfischer die 15 Kilo schweren Netze regelmäßig von Hand wenden und aufschütteln. Dadurch werden sie von Algen und Seetang befreit und ein Zusammenwachsen der Austern wird verhindert. Um die Austernpopulation vor Eis und Kälte zu schützen, überwintern die zwei bis drei Millionen Tiere von November bis März in riesigen Becken in den Hallen der Austern-Compagnie. Die Becken werden über eine Leitung mit frischem, nährstoffhaltigen Nordseewasser versorgt. Rund eine Millionen Austern können so jedes Jahr bis zu ihrer finalen Verkaufsgröße gezüchtet, geerntet und in die ganze Welt verkauft werden. Probiert kann man die „Sylter Royal" direkt bei der Austern-Compagnie in List. Dort werden zudem Führungen und Seminare rund um die Auster angeboten die man übrigens mindestens zehn Mal kauen sollte. Denn erst dann kommt der königliche Geschmack nach Meer und mehr so richtig durch.

Dittmeyer´s Austern-Compagnie, Hafenstraße 10-12, 25992 List

Sylter Sahara

Wer auf Sylt eine kleine Weltreise unternehmen und sich wie auf einem fremden Kontinent fühlen möchte, sollte sich neben → *„Klein-Afrika"* auch unbedingt einmal die „Sylter Sahara" anschauen – allerdings bitte nur von Weitem. Denn bei der „Sylter Sahara" handelt es sich um den landläufigen Namen für die riesigen Wanderdünen bei List und die stehen bereits seit 1923 unter Naturschutz. Die etwa 600 Meter breiten Dünen dehnen sich über eine Strecke von rund zwei Kilometern aus und sind bis zu 30 Meter hoch. Sie sind die einzigen Dünen dieser Art und machen ihrem Namen alle Ehre, denn sie wandern durchschnittlich vier Meter pro Jahr in Richtung Osten. In besonders stürmischen Jahren können es auch schon einmal bis zu zehn Meter sein. Noch bis ins 19. Jahrhundert gab es auf der Insel zahlreiche Wanderdünen, vor allem im Norden und Süden. Da diese bei starkem Wind jedoch regelmäßig wertvolles Ackerland und oftmals sogar ganze Häuser unter sich begruben, versuchte man schon früh, sie durch eine systematische Bepflanzung mit Strandhafer zu befestigen – mit Erfolg. Übrig geblieben sind nur noch die Lister Wanderdünen, aber auch hier nimmt der Strandhaferbewuchs immer weiter zu, so dass abzuwarten bleibt, wie lange die „Grand Dame der Dünen" noch weiter wandern wird … Wer ihr trotz Naturschutz und

Wanderdüne in der „Sylter Sahara"

zahlreicher „Betreten verboten"-Schildern dennoch einen
Besuch abstatten möchte, kann dies im Rahmen exklusi-
ver Führungen tun, die das „Erlebniszentrum Naturgewalten" in List regelmäßig anbietet.

Infos zu den Führungen durch die Wanderdünen
unter www-naturgewalten-sylt.de

Sylter Sitten

Wie auch anderswo gab es in den vergangenen Jahrhunderten auf Sylt einige ungeschriebene Gesetze und Ver-
haltensgrundsätze, die das zwischenmenschliche Leben
regelten. So war es bis etwa1800 Sitte, dass die jungen
Leute des Dorfes bei einem Todesfall nachts Leichenwache
hielten. Dabei ging es feucht-fröhlich zu, es wurde gelacht,
gesungen und jede Menge Bier getrunken. Währenddes-
sen war es die Pflicht der beidseitigen Nachbarn des Verstorbenen, ein Grab für diesen auszuheben und es nach
der Beerdigung wieder zu zuschaufeln. Der Fuhrmann,
der am nächsten wohnte, brachte die Leiche zur Kirche.

Eine andere, etwas skurrile Sitte gab es bei den Kindstaufen, die innerhalb von vier Tagen nach der Geburt vollzogen werden mussten. Die Neu-Mütter hatten verschiedene Strümpfe zu tragen, um sich von den anderen weiblichen Kirchenbesuchern zu unterscheiden. Außerdem hat der Sylter Chronist Henning Rinken überliefert, dass die Mütter der Täuflinge hüpfend und mit überkreuzten Beinen am Tauf-Gottesdienst teilnehmen mussten, um ihre Freude über den Kirchgang zu zeigen. Auch bei Hochzeiten gab es Sitten und Bräuche, über die man sich heute eher wundert: So war der traditionelle Tag, an dem auf Sylt geheiratet wurde, der Donnerstag vor dem 1. Advent. Der Ehemann steckte häufig sein Schwert in das Reetdach über der Haustüre und die Frau musste darunter hindurchschreiten und damit symbolisch anerkennen, dass ihr Mann sie im Falle von Untreue töten durfte. Etwas netter war da das sogenannte „Aufsitzen", bei dem sich Nachbarn im Winter gegenseitig besuchten. Gemeinsam saßen sie dann in der Stube, erzählten sich Geschichten und Sagen, die Frauen strickten, die Männer rauchten Pfeifen. Dies war nicht nur eine besonders gemütliche Sitte, sondern auch eine sehr praktische, denn es musste immer nur eine Stube geheizt werden.

Sylter Teezeit

Was die Queen kann, können die Sylter schon lange – nämlich ihren geliebten Tee zelebrieren. Und das tun sie gerne und häufig. Jeder Friese, also auch jeder Sylter, bringt es durchschnittlich auf rund 300 Liter Tee im Jahr. Damit trinken die Friesen nicht nur etwa zwölf Mal mehr Tee als die übrigen Deutschen, sondern haben auch weltweit den höchsten Pro-Kopfverbrauch. Das friesische Nationalgetränk kam der Legende nach 1794 mit einem

Schiff aus Asien nach Sylt. Als das Schiff strandete, wussten die Insulaner zunächst nichts mit der bis dahin unbekannten Fracht anzufangen. So versuchten sie zunächst, die trockenen Blätter als Rauchtabak zu benutzen und kamen erst nach und nach auf den eigentlichen Verwendungszweck des Tees. Mittlerweile sind die Sylter natürlich wahre Tee-Experten, vor allem, wenn es um die richtige Zubereitung geht. Denn diese ist das A und O einer echten Sylter Teetied (Teezeit): Neben der richtigen Friesen-Mischung, die meist aus verschiedenen Schwarztees besteht, benötigt man natürlich eine Teekanne – und zwar eine aus Porzellan. Genauer gesagt, eine vorgewärmte Kanne aus Porzellan. In diese kommen pro Tasse ein gehäufter Teelöffel und gerne noch ein Extralöffel für die Kanne und den Geschmack. Nun wird der Tee mit kochendem Wasser übergossen, jedoch nur mit so viel, dass die Blätter gerade so bedeckt sind. Nach einer individuellen Ziehzeit von drei bis fünf Minuten wird die Kanne mit heißem Wasser aufgefüllt. Fertig? Fast! Denn bevor der Tee über ein Teesieb in die Tassen gegossen wird, kommt in diese zunächst ein Stück weißer oder brauner Kandis – auf Sylt besser bekannt als → *„Kluntjes".* Nun darf eingeschenkt werden: Zunächst der Tee, dann ein wenig frische Sahne, wobei diese ganz behutsam mit einem speziellen Sahnelöffel von der Seite in den Tee gegeben wird. Durch die zunächst hinabfließende und anschließend wieder aufsteigende Sahne entsteht das berühmte „Wulkje" (Wölkchen). Wer es wagt, dieses mit einem Löffel zu verrühren, verstößt knallhart gegen eine der wichtigsten Teetied-Regeln – und verpasst den sensationellen Geschmack, der durch die besondere Schichtung des Tees entsteht. So schmeckt man zunächst die milde Sahne, dann das herbe Teearoma und schließlich, im Abgang, den süßen Kandis. Wer genug Tee getrunken, beziehungsweise zelebriert hat, stellt seine Tasse umgedreht auf die Untertasse. Und noch ein wichtiger Hinweis für die Schwaben und andere Sparfüchse unter den Tee-trinkern: Eine gute Friesenmischung verträgt auch einen zweiten Aufguss. Aber bitte wirklich nur einen zweiten.

Sylter Wäldchen

Die Sylter Wäldchen sind verglichen mit der übrigen Insel-vegetation richtige Newcomer. Erst 1820 entstand in Keitum der erste Inselwald – aus den Baumsamen, die ein Kapitän von seinen Reisen mitgebracht hat. Zuvor war die Insel nahezu baumlos. Wer damals einen Weihnachtsbaum haben wollte, bastelte sich einen → „Jöölboom" und wer Schatten suchte, hatte im Zweifel einfach Pech. Heute laden gleich mehrere Wäldchen an heißen Sommertagen zu einem Ausflug ein und bieten eine kühle Alternative zu überfüllten Stränden. Statt Dünen und Heide gibt es hier Bäume im Überfluss und anstelle von Möwengeschrei hört man das Singen der Vögel – und sonst nicht viel. Es sei denn, man ist im Friedrichshain im Westerländer Norden unterwegs. Dort könnte man schon mal das ein oder andere Kinderlachen hören, denn das Wäldchen wurde vor einigen Jahren in einen Naturerlebnisraum umgewandelt. Kleine Forscher können sich hier auf spannende Entde-ckertouren begeben, während es sich die Forscher-Eltern im Wald-Café bei Kaffee und hausgemachten Torten gut gehen lassen. Den gibt es im Westerländer Südwäldchen zwar nicht, dafür aber viele schöne Spazierwege, kleine Tei-che und als Besonderheit Japanische Kirschbäume. Der urwüchsigste unter den Sylter Wäldchen ist das Areal am Buttgraben in List. Hier wachsen Brombeeren, Mirabellen, Erlen und Pappeln so wild durcheinander, dass der kleine Wald zu Recht den Beinamen „Lister Urwald" trägt.

Sylter Wetterregeln

Das Wetter auf Sylt ist ein Thema für sich. Und das war es schon immer – wenn auch früher aus ganz anderen Gründen als heute. Denn damals ging nicht um die Frage, wann perfektes Strandwetter ist oder ob man auf die geplante Radtour über die Insel eine Regenjacke mitnehmen sollte (Ja, sollte man.). Vielmehr ging es in früheren Zeiten um nicht weniger als ums Überleben. Da die Sylter damals ein Seefahrervolk waren, waren sie abhängig vom Wetter und den Gezeiten. Jeder noch so kleine Sturm konnte zur großen Gefahr werden. Und so behalf man sich in einem Jahrhundert, in dem man von Wettervorhersagen oder Regenradar-Apps noch nichts wusste, mit Erfahrungswerten und stellte Wetter- sowie Gezeitenregeln auf. Wie zum Beispiel: „Stechen dich die Füße, gibt es wohl bald Regen und Wind", „Bei Ebbe kocht die Milch nicht über", „Tragen die Schweine im Stall das Stroh herum, dann zieht ein Sturm auf", „Je weniger Stürme im Herbst, desto weniger Frost im Winter" oder „Wenn man Hühnern bei Ebbe Eier zum Brüten unterlegt, dann werden daraus starke Küken". Wie viel Wahrheitsgehalt hinter diesen Regeln steckt, bleibt zu überprüfen. Alles, was es dazu braucht, ist ein Topf mit Milch. Oder ein gut besuchter Schweinestall.

Sylt-Rose

Die Sylt-Rose ist das wohl schönste Unkraut der Welt – oder zumindest Sylts. Denn was im Frühsommer so herrlich rosa oder weiß blüht und einen großen Teil zum unverwechselbaren Sylt-Geruch beiträgt, ist in Wirklichkeit genau das: Unkraut. Und eigentlich heißt die Sylt-Rose auch nicht Sylt-Rose, sondern Kartoffel-Rose, oder auch Kamtschatka-Rose. Genau daher stammt sie näm-

Die „Sylt-Rose" heißt eigentlich „Kamtschatka-Rose".

lich: 1890 brachten Kapitäne die robuste, anspruchslose Pflanze von der sibirischen Halbinsel mit nach Sylt, wo sie heute nicht mehr wegzudenken ist. Durch ihr starkes Wurzelwerk, das sich perfekt zur Dünenbefestigung eignet, hat sie es sich von Hörnum bis nach List gemütlich gemacht – zur Freude der Urlauber und zum Leid mancher Sylter, denn sie wächst auch an Orten, an denen sie eigentlich nicht erwünscht ist. Dank der Sylter Vögel, die ihre orangeroten Hagebutten fressen und wieder ausscheiden, verbreitet sie sich zudem immer weiter. Aber die Sylter wären nicht die Sylter wenn sie aus der Rosen-Flut nicht eine Tugend gemacht hätten. Und so verarbeiten sie seit einigen Jahren ihre „Nationalpflanze" zu allerlei Köstlichkeiten wie Rosen-Eis (zu haben in der Bäckerei „Lund" in Hörnum"), Rosen-Gin und Rosen-Sekt (gibt es im „Genuss-Shop" von Johannes King in Keitum) sowie Essig, Chutneys und Fruchtaufstriche (erhältlich am Stand von „Sylt-Mari im Rosenglück" auf dem Westerländer Wochenmarkt). Damit ist die Sylt-Rose nicht nur das schönste Unkraut der Welt, sondern auch das leckerste. Und dank ihres hohen Vitamin-C-Gehaltes wahrscheinlich auch noch das gesündeste.

Bäckerei & Café „Lund", Rantumer Str. 1-3,
25997 Hörnum
Genuss-Shop, Gurtstig 2, 25980 Sylt/OT Keitum
Infos zu „Sylt-Mari im Rosenglück"
unter www.facebook.com/RosenglueckSylt

T

Tetrapoden

An der Sylter Südspitze sieht man sie zu tausenden liegen, die riesigen vierarmigen Betonklötze, von denen ein einziger bis zu sechs Tonnen wiegt. In den 1960er Jahren wurden allein in Hörnum rund 5.500 Steinkolosse an den Strand geschafft. Ihre Aufgabe, die Küste vor weiteren Landverlusten zu schützen, erfüllten sie nur mäßig gut. Man könnte auch sagen: Thema verfehlt. Denn die Tetrapoden verursachten bisher nicht gekannte Längsströmungen, der Sand wurde regelrecht unter ihnen weggezogen – und zwar in weitaus größeren Mengen als zuvor. Die Folge: Fast die Hälfte der Betonriesen versank im Sand. Daher wurde ein Großteil der Hörnumer Tetrapoden 2005 nach Helgoland gebracht, wo sie dem Küstenschutz hoffentlich bessere Dienste erweisen als auf Sylt. Nachdem schwere Orkane im Winter 2013 an der Südspitze erneut für enorme Landverluste gesorgt hatten, entschied man sich dafür, die Tetrapoden dort wieder aufzustocken. Diesmal wurden sie allerdings näher am Meer und zudem auf einer festen Vliesunterlage platziert, um sie vor dem Einsinken zu schützen. An ihrem neuen Standort fungieren sie als Wellenbrecher und sorgen dafür, dass das Wasser vor dem Aufprall auf die Dünenkante an Energie verliert – denn darin sind die Betonriesen richtig gut. Vor weiteren Sandverlusten schützen können sie die Insel an der Hörnum Odde allerdings leider nicht. Daher setzt man dort seit einigen Jahren auf → *Sandvorspülungen*, die sich bisher als effektivster Schutz

Tetrapoden an der Sylter Südspitze

für die Sylter Westküste erwiesen haben. An anderen Orten, wie beispielsweise in Westerland, erfüllen die Tetrapoden ihre Aufgabe hingegen mit Bravour. Dort stehen sie auf einem festen, gemauerten Untergrund und können so nicht unterspült werden. Auch sie wurden Anfang der 1960er Jahre zu mehreren tausend aufgestellt, mit dem Ziel, die alte Ufermauer zu schützen.

Tourismus auf Sylt

Nachdem die Sylter sehr lange sehr gut vom → *Walfang* und der Seefahrt lebten, beschlossen sie gegen Mitte des 19. Jahrhunderts, sich nicht mehr mit Walen, sondern mit Menschen herumzuärgern, genauer gesagt, mit Touristen. Dass man mit denen ebenfalls gutes Geld verdienen kann, stellte man spätestens im Sommer 1857 fest. Da nämlich brach auf der Nachbarinsel Föhr ein Großbrand aus, dem viele Hotels und Kureinrichtungen des bereits etablierten Seebades Wyk zum Opfer fielen. Die Sommerfrischler wichen – damals noch ziemlich unfreiwillig – nach Sylt aus. Das hatte zwar bereits zwei Jahre zuvor den Titel eines „Seebades" erhalten, besonders viel geboten wurde den Gästen allerdings noch nicht. Es gab keine der damals so beliebten Tanz- oder Musikveranstaltungen und die Anreise war mehr als beschwerlich: Mit der Bahn ging es zunächst von Hamburg nach Rendsburg, dort stieg man in den Zug nach Husum um, wo man die Nacht verbrachte, um am nächsten Morgen mit dem Dampfboot nach Sylt überzusetzen. Dort angekommen wurden die Feriengäste mit Pferdekutschen nach Westerland, dem damals einzigen Bade- und Touristenort gebracht. Im ersten Sommer zog es gerade einmal 98 Sommerfrischler nach Sylt, die in einem der beiden Logierhäuser untergebracht wurden. Statt der heutigen Kurkarten bekamen diese sogenannte

Badekarten, die sie zur Benutzung der Umkleidezelte und der → *Badekarren* an den Stränden berechtigte. Die waren zunächst streng nach Geschlechtern getrennt, 1902 gründete Westerland dann das erste deutsche Familienbad und sorgte damit bundesweit für Aufsehen. Zwar ging es weiterhin sehr sittsam zu und die Badegäste gaben sich mehr als zugeknöpft, trotzdem war das neue Familienbad das Highlight unter den deutschen Seebädern, was sich auch in den steigenden Übernachtungszahlen zeigte. So kamen im Sommer 1905 schon mehr als 22.000 Sommerfrischler nach Sylt. Zu dieser Zeit wurde auch die Strecke der 1888 in Betrieb genommenen → *Rasenden Emma* stetig ausgebaut, so dass neben Westerland auch die anderen Orte touristisch erschlossen werden konnten. Dass es heute mehr als 60.000 Gästebetten gibt, in denen jedes Jahr bis zu 950.000 Urlauber nächtigen, hat die Insel vor allem dem Bau des Hindenburgdammes zu verdanken. Seit dessen Eröffnung 1927 nahm der Touristenstrom stetig zu – bis schließlich der Krieg auf die Insel kam. Während des Zweiten Weltkriegs war Sylt Sperrgebiet und der Tourismus kam vollständig zum Erliegen. Das Bild der Insel prägten fortan keine Badegäste mehr, sondern Soldaten, Kasernen und militärische Anlagen. Und auch nach Kriegsende dauerte es einige Jahre bis der Tourismus neuen Aufschwung bekam, da die erste Zeit von Armut, Hunger und Arbeitslosigkeit geprägt war. An einen erholsamen Badeurlaub auf Sylt dachte damals niemand und so wurden die leerstehenden Hotels dazu genutzt, Kriegsflüchtlingen ein Dach über dem Kopf zu bieten. Erst ab 1949 kamen, als Folge der Währungsreform, wieder Touristen auf die Insel. Einen Aufschwung erlebte Sylt um 1960 als es neben wohlhabenden Kurgästen nun auch viele Familien und Normalverdiener ans Meer zog. So kam es, wie es kommen musste: Sylt hatte zu wenig Gästebetten und es musste gebaut werden – möglichst schnell sollte möglichst viel Platz für Touristen entstehen. Die Folge dieses Baubooms kann man noch heute in Form der Hochhäuser im Westerländer → *Kurzentrum* „bewundern". Neben hässlichen Häusern brachten die 1960er Jahre aber auch viele schöne Menschen nach Sylt. Und berühmte. Allen voran Playboy Gunter Sachs und seine damalige Frau Brigitte Bardot, der es auf Sylt allerdings nicht halb so gut gefiel wie ihrem Mann. Das Klima war ihr zu rau, ebenso wie auch der Schauspielerin Romy Schneider, die es daher nur ein einziges Mal nach Sylt zog. Aber die anderen Schönen und Reichen, die Intellektuellen und Industriellen, die Macher und Models, die Sportler und Sternchen – sie alle kamen immer wieder und kurbelten so nicht nur den Tourismus an, sondern schufen auch den berühmten „Sylt-Mythos", von dem die 98 Sommerfrischler im Jahr 1855 nur träumen konnten, wenn sie sich abends in ihren Logierhäusern langweilten.

Trachten

Die Sylter blicken auf eine über dreihundert Jahre alte Trachtentradition zurück. Dabei war die Tracht nicht nur schmückende Kleidung für besondere Anlässe, sondern sagte auch viel über ihre jeweilige Trägerin aus. So verriet das sichtbar getragene rote Gürtelband, dass der Ehemann gerade auf der Insel war. Wurde es unter dem Kleid getragen, bedeutete dies, dass der Mann auf See und die Frau somit – zumindest vorübergehend – alleinstehend war. Ob es sich aus finanzieller Sicht überhaupt lohnte, um sie zu werben, erkannt man an den Stoffen, aus denen die Tracht genäht war. Frauen wohlhabender Handelsschiffer begleiteten ihre Männer oftmals in die großen europäischen Hafenstädte und brachten von dort kostbare Stoffe mit. Im Gegensatz zu anderen Gegenden Deutschlands gab es auf

Nachgearbeitete Sylter Originaltracht aus dem 18. Jahrhundert

Sylt keine Familientrachten. Vielmehr war festgelegt,
wann man welche Kleidung zu tragen hatte: Beim Abend-
mahl und – für heutige Verhältnisse ein wenig ungewöhnlich – auch bei Begräbnissen wurde das rote Kleid
getragen, das bunte war für die Sonntage nach der Heim-
kehr des Ehemannes vorgesehen. Dies trugen zudem auch
die Brautjungfern, während für die Braut und ihre älteren
Begleiterinnen das goldene Hochzeitsgewand vorgesehen
war. Da die alten, traditionellen Trachten sehr schwer und
zudem aus empfindlicher weißer Wolle gefertigt wurden,
waren sie für Alltag und Arbeit ungeeignet. Daher waren
sie immer seltener im öffentlichen Leben zu sehen, bis sie
um 1850 schließlich ganz von der Insel verschwunden
waren. Erst als man 1974 auf einem Morsumer Dachbo-
den eine Originaltracht aus dem 18. Jahrhundert fand
konnte diese detailgetreu nachgearbeitet werden. Heute
tragen die Damen der Sylter Trachtengruppe das repro-
duzierte Gewand als Festtracht zu besonderen Anlässen
wie beim → *Ringreiten* oder beim → *Biikebrennen*. Es
besteht aus einem zumeist roten Oberteil mit weiten
Ärmeln aus Wollstoff, die bis zu den Ellenbogen reichen,

darunter wird ein weißes Unterkleid getragen. Als Kopf-schmuck dient eine schwarze, samtbezogene Haube, die so genannte „Hüüv", die in früheren Jahrhunderten bis zu 20 Zentimeter hoch sein konnte. Heute misst sie nur noch die Hälfte und ist am oberen Ende mit zehn vergoldeten Messingmünzen (Döpkens) verziert. Dazu zieht man die typischen roten Strümpfe und schwarze Schuhe an. Eine weitere Sonntagstracht, die auch heute noch auf der Insel zu sehen ist, wurde um 1930 von den Frauen der nördli-chen Inseldörfer genäht. Das Kleid ist aus blauer Wolle mit roten Streifen am unteren Rockteil und wird mit einer offenen Jacke mit Silberknöpfen, einem blauen Schulter-tuch aus Seide sowie einem Kopftuch getragen. Die Tücher sind meist mit typisch friesischen Blumen wie Dünenro-sen, Mohnblumen oder Erika verziert. Diese und einige andere historische Trachten sind im „Sylt Museum" (ehe-mals „Sylter Heimatmuseum") in Keitum ausgestellt.

Sylt Museum, Am Kliff 19, 25980 Sylt/OT Keitum

Trocadero

Paris hatte einen, Hamburg hatte einen, London hatte einen, Chicago hatte einen. Da durfte er auf einer Insel wie Sylt natürlich nicht fehlen, der „Trocadero". Dabei han-delte es sich um einen legendären Nachtclub in der Wes-terländer Strandstraße, in dem die gehobene Gesellschaft von 1920 bis 1958 die Nacht zum Tag machte. Und das ist wortwörtlich gemeint. Beides. Denn gehoben war die Gesellschaft wirklich: Marlene Dietrich, Max Schmeling, Hans Albers, Josephine Baker und andere prominente Namen tanzten sich hier nächtelang zu Live-Musik die Füße wund. Und sie tanzten natürlich nicht irgendetwas, schließlich war man nicht in einer Dorf-Disco, sondern im „Troc" und deshalb erfand man hier direkt seinen eigenen Tanz – den „Puszta-Fox". Dieser fand schnell seinen Weg von der Insel in die Tanzlokale der Republik und wurde zu einem der beliebtesten Modetänze seiner Zeit. Wer im „Trocadero" mitmischen, beziehungsweise mittanzen wollte, musste sich an die strikte Etikette halten, die unter anderem an drei Abenden die Woche einen Smokingzwang für die Herren vorsah.

U

Üüs Söl'ring Löön

Das Lied „Üüs Söl'ring Löön" („Unser Sylter Land") wurde 1909 vom Mundart-Dichter Christian Peter Christiansen verfasst. Thomas Hübbe, der Sohn des Keitumer Landvogts, schrieb die Melodie. Den Auftrag dazu erhielten die beiden vom Sylter Heimatverein "Foriining fuar Söl´ring Aart en Wiis". Nachdem das Lied im gleichen Jahr in Husum bei der Versammlung des „Nordfriesischen Vereins für Heimatliebe und Heimatkunde" zum ersten Mal gesungen wurde, hatten die Teilnehmer einen Ohrwurm – und Sylt eine Hymne. Diese kann heute so gut wie jeder Insulaner mitsingen und Gelegenheit dazu gibt es reichlich: Ob → *Biikebrennen*, Silvester oder Dorffest – ohne „Üüs Söl´ring Löön" geht es nicht. Und ohne Gänsehaut auch nicht. Denn wenn hunderte Sylter aus vollen Kehlen und Herzen davon singen, wie sehr sie ihre Heimat lieben und wie groß die Sehnsucht nach ihr ist, dann muss man einfach mitsingen. Und damit das zukünftig noch besser geht, hier die erste Strophe der Hymne, natürlich in

→ *Söl'ring*, mitsamt ihrer Übersetzung:

> *Üüs Sölring Lön, dü best üüs helig,*
> *dü blefst üüs ain, dü best üüs Lek!*
> *Din Wiis tö hualen sen wü welig!*
> *Di Sölring Spraak auriit wü ek.*
> *Wü bliiv me di ark Tir forbünen,*
> *sa lung üs wü üp Wârel sen.*
> *Uk diar jaar Uuning bütlön fünen,*
> *ja leeng dach altert tö di hen.*
> *Kumt Riin, kumt Senenskiin,*
> *kum junk of lekelk Tiren,*
> *tö Söl wü hual aural, wü bliiv truu Sölring Liren.*

> *Unser Sylter Land, du bist uns heilig,*
> *du bleibst unser Eigen, du bist unser Glück!*
> *Deine Sitten wollen wir erhalten!*
> *Die Syltringer Sprache vergessen wir nicht.*
> *Wir bleiben mit dir zu jeder Zeit verbunden,*
> *solange wir auf der Erde sind.*
> *Auch, wer seine Wohnung draußen gefunden,*
> *sehnt sich doch immer zu dir hin.*
> *Kommt Regen, kommt Sonnenschein,*
> *kommen dunkle oder glückliche Zeiten,*
> *zu Sylt wir halten überall;*
> *wir bleiben treue Sylter Leute.*

Uwe-Düne

Wer einmal von Sylt bis nach England schauen möchte, braucht eine gute Kondition – und Sinn für den Humor der Kampener. Denn die behaupten gerne, von ihrem Hausberg, der Uwe-Düne, könne man bis zu den Nachbarn im Vereinigten Königreich gucken. Das stimmt zwar

109 Stufen bis zur Plattform der Uwe-Düne in Kampen

so natürlich nicht ganz, aber bei gutem Wetter reicht die Sicht immerhin bis nach Dänemark. Allerdings nur, wenn man über die erwähnte gute Kondition verfügt, denn die Besucher trennen 109 Stufen vom schönsten 360-Grad-Blick Sylts. Die 52,5 Meter hohe Düne ist nach dem Sylter Freiheitskämpfer und → *Landvogt* Uwe Jens Lornsen benannt und die höchste natürliche Erhebung im Umkreis von 40 Kilometern. Auf der hölzernen Aussichtsplattform kann man dank Ferngläser und Bänke herrlich ausblicken und – was nach dem anstrengenden Aufstieg mindestens genauso wichtig ist – ausruhen. Beides übrigens schon seit 1920, denn so lange gibt es die Plattform auf der Düne bereits.

Zugang über den Westerweg,
5999 Kampen

Vogelkojen

Das Wort „Koje" klingt nach Seefahrerromantik. Nach einem engen, aber gemütlichen Bett, in dem man sich von einem erlebnisreichen Tag auf See erholen kann. Nach Abenteuer und Meer. Also eigentlich ziemlich nett und positiv. Im Falle der Vogelkojen, von denen es früher auf Sylt gleich mehrere gab, täuscht dieser positive Eindruck jedoch ganz gewaltig. Vielmehr handelte es sich bei den Vogelkojen um Fangstationen für Wildenten, die in den vorherigen Jahrhunderten als Delikatesse galten. Die bekannteste Vogelkoje befand sich in Kampen. Von 1767 bis 1921 wurden hier etwa 25.000 Enten pro Jahr gefangen

– und zwar auf äußerst brutale und hinterlistige Art und Weise: Auf einem künstlich angelegten See schwammen gezähmte Enten, quasi als – im wahrsten Sinne des Wortes – Lockvögel. Die wilden Enten, die auf der Suche nach Futter auf dem Teich landeten, wurden in darüber gespannten Netzen gefangen und die Vogelkoje-Mitarbeiter drehten ihnen die Hälse um. Mittlerweile ist dies Gott sei Dank Geschichte. Die Kampener Koje steht seit 1935 unter Naturschutz und ist ein wesentlich idyllischerer Ort als noch vor ein paar Jahrzehnten. Das pittoreske Kojenwärter-Häuschen beherbergt eine naturkundlich-kulturhistorische Ausstellung zum Thema „Entenfang" und neben einem Lehrpfad mit Wattblick gibt es ein artenreiches Pflanzenbiotop. Und natürlich das Restaurant „Vogelkoje", das, wie könnte es anders sein, natürlich auch Ente serviert – und die kann ganz ohne schlechtes Gewissen genossen werden. Denn mittlerweile ist das Wort „(Vogel-) Koje" zum Glück ja tatsächlich ausschließlich positiv besetzt.

Restaurant und Naturschutzgebiet „Vogelkoje",
Lister Straße 100, 25999 Kampen

Vogelwart

Einer der wohl ungewöhnlichsten Jobs auf Sylt ist der des Vogelwarts, dessen Stelle jedes Jahr neu von der „Schutzstation Wattenmeer" vergeben wird. Eine Saison lang ist der Vogelwart dafür zuständig, die im Wattenmeer lebenden Vögel zu beobachten und zu zählen, sowie Wattwanderungen und ornithologische Führungen zu leiten. Bis vor wenigen Jahren lebten die Vogelwarte quasi direkt an ihrem Arbeitsplatz: In einem 9 Quadratmeter kleinen Bauwagen am Wattenmeer, ohne Strom und fließendes Wasser – dafür mit jeder Menge frischer Luft sowie netten gefiederten und blökenden Nachbarn. Mittlerweile wurde der Herr oder die Dame über die Sylter Vögel ins alte, restaurierte Schöpfwerk an der Keitumer Koogstraße hinter dem Deich umquartiert. Im dortigen Naturschutzzentrum warten auf die Besucher eine kleine ornithologische Ausstellung sowie ein netter Vogelwart mit jeder Menge Insider-Infos zur Sylter Piepshow im Watt.

von Gronau, Wolfgang

Eigentlich hätte Wolfgang von Gronau im Jahr 1930 mindestens eine Abmahnung bekommen müssen. Der damalige Direktor der „Deutschen Verkehrsfliegerschule" in List bekam aber etwas ganz anderes. Nämlich Ruhm, Ehre und eine Einladung zum amerikanischen Präsidenten Herbert Hoover. Und das kam so: Am 18. August 1930 startete er mit seiner alten Dornier in List zu einem ganz besonderen Flug, den er heimlich und entgegen des ausdrücklichen Verbots seiner Vorgesetzten sowie des zuständigen Ministeriums geplant hatte. Dieses informierte er erst per Funk über sein Vorhaben als er bereits in der Luft und viele 1.000 Kilometer von Sylt entfernt war. Auch seine Crew erfuhr erst kurz vor dem Abheben, wohin es gehen sollte – und zwar über Island und Grönland bis nach New York. 4.670 Meilen. Zu damaligen Zeiten eine unvorstellbar weite Strecke, die von Gronau in „nur" 47 Flugstunden zurücklegte. Als seine Crew und er am 26. August 1930 auf dem Hudson River landeten, wurden sie von zahlreichen begeisterten New Yorkern bejubelt. Von Gronaus Vorgesetzte waren allerdings nicht ganz so begeistert von dem Alleingang, beziehungsweise Alleinflug. Einzig die Tatsache, dass sich der amerikanische Präsident als großer von-Gronau-Fan erwies und der Transatlantikflug national und international für viel Aufsehen

Wolfgang von Gronau (1893–1977) startete 1930 mit einem Dornier-Flugboot namens „Wal" von List nach New York.

und Anerkennung sorgte, schützte den Luftfahrtpionier vor disziplinarischen Konsequenzen. Diese hätten wahrscheinlich einen weiteren spektakulären Flug verhindert, zu dem von Gronau 1932 aufbrach – diesmal allerdings mit Genehmigung aller zuständigen Beteiligten. Er träumte schon lange davon, als erster Mensch mit einem Flugzeug die Erde zu umrunden und im Juli 1932 war es dann soweit: Von Sylt startete er mit einem zweimotorigen Wasserflugzeug zu einer 44.000 Kilometer langen Reise, die ihn unter anderem nach Alaska, Japan, Indien, Sri Lanka, die USA und den Irak führte. Vier Monate später erreichte er wieder wohlbehalten seinen Heimatflughafen in List, wo ihm die Insulaner einen begeisterten Empfang bereiteten – inklusive dem passenden Lied „Kommt ein Vogel geflogen", gesungen von Sylter Schulkindern. Im gleichen Jahr wurde ihm die Ehrenbürgerschaft der Gemeinde List verliehen, deren Trägern damals nicht nur eine Urkunde sowie 50 Reichsmark zuteilwurden, sondern auch ein unentgeltliches Begräbnis. Dies fand 1977 auf dem kleinen Lister Dünen Friedhof statt.

Walfang

Die Zeiten, als die Sylter noch vom Walfang und nicht vom → *Tourismus* lebten, waren hart und gefährlich. Sowohl für die Wale, die heute zum Glück unter Naturschutz stehen, als auch für deren Fänger. Die waren vor allem im Gebiet um Spitzbergen unterwegs, wo sie mit ihrer Arbeit zwar gutes Geld verdienten, allerdings zu einem sehr hohen Preis. So waren sie meist mehrere Monate im Polarmeer unterwegs, weit weg von ihren Familien, die während dieser langen Zeit allein zurechtkommen mussten. Und das alles ohne neumodischen Schnick-Schnack wie Handys, Internet oder Wetter-Apps. Letztere hätten die Sylter Kapitäne wohl einige Male vor schweren Stürmen gewarnt, denen nicht wenige von ihnen zum Opfer fielen. Trotz all dieser Widrigkeiten und Umstände: Die Anfänge des Walfangs Mitte des 17. Jahrhunderts kamen für viele Sylter Familien genau zum richtigen Zeitpunkt, denn die Einnahmen aus der Landwirtschaft reichten damals kaum zum Leben aus. Und so kam es, dass die rund zweieinhalbtausend Kilometer entfernte Insel Spitzbergen zum Arbeitsplatz vieler hundert Sylter Männer wurde. Allein im Jahr 1782 wurden über 150 Walfang-Schiffe von Syltern gesteuert – und das bei einer damaligen Einwohnerzahl von nur 1.800 Menschen. Entsprechend hoch war in dieser Zeit auch die Anzahl der

Ein riesiger Walkiefer bildet den Eingang zum „Sylt Museum" in Keitum.

Witwen auf der Insel. Denn nicht nur die Fahrt ins Polarmeer, sondern auch der Walfang selbst, war sehr gefährlich und erforderte einiges an Mut und Geschicklichkeit. Um die Harpune richtig zu platzieren, mussten die Männer mit kleinen Schaluppen bis auf wenige Meter an die riesigen, rund 150 Tonnen schweren Tiere heransteuern. Ein falsches Manöver oder ein Schlag mit der mächtigen Schwanzflosse konnte bereits das sichere Ende der Seemänner bedeuten. Zudem bestand immer die Gefahr, vom Wal unter das Eis gezogen zu werden, wenn die Fangleine nicht rechtzeitig gekappt wurde. Wer es zurück in seinen Heimathafen schaffte, wurde seinem Dienstgrad entsprechend am Fang beteiligt. Dass dies äußerst lukrativ war, zeigen die vielen prächtigen Kapitänshäuser, die die Walfänger für ihre Familien bauten und mit teuren Möbeln und Bilder aus aller Welt ausstatteten. Aber wofür das Ganze? Was geschah mit den toten Walen? Aus ihrem Speck konnte man über 15.000 Liter Tran herstellen, damals ein begehrtes und gut bezahltes Brennmittel für Straßenlaternen. Die harten Knochen wurden auf den holzarmen Inseln als Balken, Pfosten oder sogar Kirchenbänke genutzt. Eine Besonderheit bot der Bartenwal, der in seinem Oberkiefer anstelle von Zähnen Hornplatten hat. Diese fanden vielfältigen Einsatz: Als Stäbe für Regenschirme, Knöpfe, Lineale, Kämme oder Angelruten. Mitte des 18. Jahrhunderts nahmen die Walbestände ab und viele Sylter wechselten auf Handelsschiffe, die sie teilweise bis nach Australien und China führten. Der Boom, wie ihn die Insel zu Beginn des Walfangs erlebt hatte, blieb jedoch aus, die Zahl der Seefahrer nahm ab. Dafür entdeckten die Sylter um 1860 eine neue Einnahmequelle, der sie sich fortan zuwendeten – den → *Tourismus*. Mindestens genau so lukrativ wie der Walfang, aber weitaus weniger gefährlich. Für alle Beteiligten.

Weinberge

Wer annimmt, eine Nordseeinsel sei flach wie die Witze einer Herrenrunde am späten Abend, der war noch nie auf Sylt. Denn neben dem Hausberg der Insulaner, der 52,5 Meter hohen → *Uwe-Düne*, gibt es hier auch die beeindruckenden Sandberge in der → *Sylter Sahara* und sogar Weinberge – und zwar, wie sollte es auch anders sein, die nördlichsten Deutschland. Die wachsen seit 2009 auf einer 3.000 Quadratmeter großen Fläche unweit der Keitumer Kirche St. Severin. Die Idee zur eher ungewöhnlichen Kombination „Wein und Nordseeinsel" hatte der innovative Winzer Christian Ress aus dem Rheingau. Er baut hier sehr erfolgreich Solaris- und Rivaner-Trauben an, beides Sorten, die speziell für kühlere Regionen geeignet sind und sich auf der Insel sichtlich wohl zu fühlen scheinen. Bereits bei der ersten Lese im Herbst 2013 konnten 800 Kilogramm Trauben geerntet werden. Diese wurden im Weingut von Christian Rees zu über 700 Flaschen bestem „SÖL'RING", so der Name des Weißweins,

Der nördlichste Weinberg Deutschlands liegt in Keitum.

gekeltert. Seit 2014 wird der Insel-Wein dort hergestellt, wo er wächst – auf Sylt. Die rund 1.600 Rebstöcke sind zum größten Teil verpachtet. Die Pächter kommen aus ganz Europa und treffen sich jedes Jahr zur Lese auf Sylt, um tatkräftig bei der Ernte „ihrer" Trauben mitzuhelfen. Als Dank bekommen sie eine Flasche des begehrten Rieslings, der Rest der Kelterung geht an ausgewählte Sylter Restaurants und wird exklusiv im Keitumer Supermarkt verkauft. Mehrmals jährlich werden geführte E-Bike-Ausflüge zu den Weinbergen sowie kulinarische Exklusivtouren angeboten, bei denen man viel Wissenswertes rund um den „SÖL'RING" erfährt. Zum Beispiel, dass die Kombination „Wein und Nordseeinsel" gar nicht so ungewöhnlich ist, wie sie auf den ersten Blick scheint. Zumindest nicht, wenn die Nordseeinsel „Sylt" heißt.

Munkmarscher Chaussee, aus Richtung Keitum kommend unmittelbar vor der Kirche St. Severin

Whisky im Watt

Im Sylter Watt gibt's nicht nur Würmer, sondern seit Frühjahr 2015 auch Whisky. Wo genau verraten die Erfinder des „Sylter Tide Whiskys" allerdings nicht. Die Fässer mit dem rund vier Jahre alten Single Malt Whisky lagern gut verankert an einem geheimen Ort auf dem Meeresgrund. Über sechs Monate bleiben die Eichenfässer in der Nordsee und trotzen dort Ebbe und Flut, schwankenden Temperaturen und natürlich dem Salzwasser, das dem Whisky sein unvergleichliches Aroma verleiht und wie ein natürlicher Geschmacksverstärker wirkt. Abgefüllt wird der Insel-Whisky in Flaschen, die ebenfalls irgendwo in der Nordsee vor Sylt lagern. Die Kräfte der Gezeiten, das salzhaltige Wasser, sowie Ablagerungen von Algen und anderen kleinen Meeresbewohnern machen aus jeder Flasche ein echtes Unikat. 600 Flaschen Whisky werden pro Jahr abgefüllt, und zwar in einer Sommer- und einer Winteredition, deren unterschiedliche Aromen den Gegebenheiten der jeweiligen Jahreszeiten zuzuschreiben sind. Lagert der Sommer-Whisky zum Großteil in einer eher ruhigeren Nordsee, in der die Fässer auch einmal trockenfallen, erlebt der Winter-Whisky eher rauere Zeiten mit Eisgang und schweren Stürmen. Gehoben werden die Fässer an zwei Terminen im Jahr, allerdings nur dann, wenn es das Wetter zulässt. So kann es schon einmal vorkommen, dass die Whisky-Freunde auf der Insel mal ein wenig länger auf hochprozentigen Nachschub warten müssen. Aber das Glück kommt ja bekanntlich zu dem, der warten kann.

Infos zum „Sylter Tide Whisky"
unter www.sylter-watt.de

Whiskymeile

Der Strönwai in Kampen, besser bekannt als „Whiskymeile", ist die wohl berühmteste Straße Sylts. Bekannt geworden ist sie in den 1960er Jahren als Playboy Gunter Sachs und seine damalige Frau Brigitte Bardot den kleinen Insel-Ort für sich entdeckten. Ihnen folgten zahlreiche Stars und Sternchen, die ihre legendären Partys vorwiegend in den Bars und Clubs auf dem Strönwai feierten. Besonders beliebt beim Jet-Set war das → „Pony", in dem auch heute noch gefeiert wird – wenn auch nicht mehr ganz so wild wie damals. Zu dieser Zeit entstand der berühmte „Sylt-Mythos" und das einstige Künstlerdorf Kampen erwachte aus dem Dornröschenschlaf, um schon bald darauf einer der angesagtesten Hot-Spots der Reichen und Schönen zu sein. Die feierten nachts auf der Whiskymeile und frönten tagsüber der aufkommenden FKK-Bewegung am Strandabschnitt → *Buhne 16.*

Willi

Willi ist nicht nur das inoffizielle Maskottchen Hörnums, sondern auch eine der schwergewichtigsten Damen der Insel. Moment mal? Willi? Dame? Jawoll. Denn der gute Willi müsste eigentlich „Wilhelmine" heißen. Er, beziehungsweise sie, ist nämlich eine rund 200 kg schwere Kegelrobben-Dame, die sich 1991 im Hörnumer Hafenbecken häuslich niedergelassen hat. Dort lässt sie es sich gut gehen, entzückt Touristen mit ihren großen Kulleraugen und lässt sich für ein wenig Hering auch gerne mal fotografieren. Den Namen „Willi" bekam die Robbe von einem Fischer, dem sie beim Angeln hinterher geschwommen ist, um ein paar Fische abzustauben. Ein paar Jahre

Das Hörnumer Maskottchen „Willi"

später bekam Willi zwar ein Junges, aber keinen neuen Namen. Denn „Willi" ist „Willi" und bleibt „Willi". Das wissen auch die zahlreichen Fans – man könnte fast schon sagen „Groupies" – die zuhauf auf der Kaimauer liegen, um besser ins Hafenbecken gucken zu können. Ihre „Wiiiiilliiiii"-Rufe schallen durch den ganzen Hafen. Den einen gefällt der Willi-Tourismus, den anderen weniger. So verkauft der Fischhändler Heringe speziell für die Robbendame zum Sonderpreis. Am Krabbenstand nebenan hingegen outet das Schild „Nein, ich weiß nicht, wo Willi ist" den Inhaber als weniger großen Willi-Anhänger. Seit 2017 hat die Kegelrobbe übrigens eine Freundin – oder einen Freund, wer weiß das schon so genau. Jedenfalls hört er oder sie auf den Namen „Sylta" und erfreut Fans und Fischhändler mit seinen/ihren Besuchen im Hörnumer Hafenbecken.

Z

Ziegenstall

In den 1950er und 1960er Jahre war in Kampen tierisch was los. Noch bevor ein → *Pony* den kleinen Ort international berühmt machte, amüsierte man sich dort in einem Ziegenstall am Rand der Heide. Dahinter verbirgt sich der wohl skurrilste Nachtclub, den die Insel jemals gesehen hat. Eröffnet wurde er 1951 von der nicht minder skurrilen Valeska Gert: International gefeierte Tänzerin, Stummfilmdarstellerin, Pantomimin. Valeska Gert war ebenso legendär wie skandalumwittert und als sie sich in den 1930er Jahren ein Haus in Kampen bauen ließ, wurde

sie von den Insulanern mehr als skeptisch beäugt. Kalk-
weiß geschminkt, knallrote Lippen und mit einem schwarzen Lederanzug bekleidet, fiel sie damals auf. Eine wilde
Exotin auf einer bis dahin eher beschaulichen Nordseeinsel. Auch ihr „Ziegenstall", den sie in ihrem Haus
betrieb, war alles andere als gewöhnlich – und der Name
war Programm: Eingerichtet mit Holzbänken und Melk-
schemeln, an den Wänden heugefüllte Futterkrippen.
Strohballen und Kartoffelsäcke fungierten als Dekoration,
freischaffende Künstler als Kellner.

In bunten Kostümen servierten die Tänzer und Sänger
nicht nur Champagner, sondern rezitierten auch das ein
oder andere Gedicht und trällerten beim Gläser polieren
mal eben schnell einen Chanson. Die Gäste waren oftmals
ebenfalls etwas unkonventionell, zumindest aber intellek-
tuell. Beides musste man sein, um den „Ziegenstall" zu
mögen – und um von Valeska Gert gemocht zu werden.
Denn die zog dichtende und denkende Champagnertrin-
ker den Konsumenten von Bier vor – welches laut hand-
geschriebener Getränkekarte sowieso „nur selten vorhan-
den" war.

Um ein Bier zu bekommen brauchte man im „Ziegenstall"
also nicht nur etwas Glück, sondern auch das nötige
Kleingeld, denn mit 10 DM pro Glas war dies nicht gerade
ein Schnäppchen. Zu diesen für die damalige Zeit hor-
renden Preisen passt der Spruch, der mitten an der Wand
des Nachtclubs prangte: „Gäste sind wie Ziegen – sie werden gemolken und meckern". Und gemeckert wurde tatsächlich, vor allem über das gewöhnungsbedürftige
Ambiente. Dazu sagte die berühmte Inhaberin einst:
„Viele Gäste empfinden es hier als unordentlich. Dabei
wissen sie gar nicht, wie viel Mühe es uns jeden Tag macht,
diese Unordnung herzustellen."

Ihr Lokal mit samt seiner gewollten Unordnung führte
Valeska Gert bis zu ihrem Tod. 1978 stirbt sie in ihrer

Wohnung neben dem „Ziegenstall", der kurz darauf abgerissen wird. An seiner Stelle steht nun ein stinknormales, konventionelles Wohnhaus, in dem es hoffentlich etwas ordentlicher ist als in Sylts legendärstem Nachtclub.

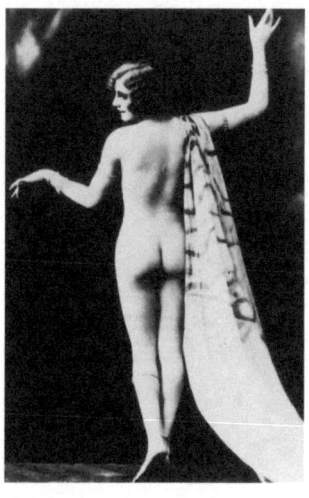

Bereits 1920 kreuzte die „Schocknummer" Valeska Gert (1892–1978) in Kampen auf. Die Tochter eines wohlhabenden jüdischen Kaufmanns provozierte mit exzentrischen Tänzen.

Folgende Doppelseite:
Östlicher Leuchtturm am Ellenbogen, der nördlichsten
Landstelle Deutschlands

Register

W

Wald → Sylter Wäldchen

Wale → Schweinswale; Walfang

Walfang s.a. → Petritag,
Tourismus auf Sylt

Wanderdünen → Sylter Sahara

Watt → Badestelle Morsum;
Eis-Avus; Eisboote; Hinden-
burgdamm; Klenderhof; Kliffs;
Kupferkanne; Mariann;
Rantumbecken; Riesenbetten;
Seekühe; Small Five; Sylter
Royal; Vogelwart; Whisky im
Watt

Weihnachtsbaum → Jöölboom

Weinberg

Weißes Kliff → Kliffs; Mariann

Weltumrundung → von Gronau,
Wolfgang

Wenningstedt → Denghoog,
Dorfteich Wenningstedt;
Friesenkapelle; Kliffs

Westerland → Atlantis; Casino;
Eidum; Friedhof der
Heimatlosen; Kurzentrum;
Rantumbecken; Sonnenuhren;
Sylt Quelle; Tetrapoden;
Tourismus auf Sylt

Wetter → Bernstein;
Frigorigraph; Sonnenuhren;
Sylter Meersalz; Sylter
Wetterregeln; Whisky im Watt

Whisky im Watt

Whiskymeile s.a. → Avenarius,
Ferdinand; Pony

Willi

Z

Ziegenstall

Alexandra Brosowski / Karin Lubowski
Schleswig-Holstein für Klookschieter
978-3-8319-0668-0

Wer weiß, was ein Plüschmors ist und woher unser Moin kommt? Die
Sylter Royal ist keine Adelige, aber was denn dann? Was sind Donner-
keile und Duckdalben? Schwarzsauer und Mehlbüdel sind keine
Schimpfwörter und was hat Alfred Nobel in Schleswig-Holstein zu
schaffen? Warum der Klabautermann heißt, wie er heißt?
Schönes, Seltsames, Verblüffendes, Typisches: Im Norden gibt es – für
Auswärtige wie für Einheimische - vieles zu erkunden.
Nord- und Ostsee, Wind und weiter Himmel haben Land und Leute,
das Miteinander, die Sprache und die Küche geprägt – und gelegentlich
zu regionalen Rätseln geformt. Viele Wörter benutzen wir täglich,
kennen aber nicht ihre Herkunft. Wer bei den Nordlichtern mithalten
will, findet hier viele Erklärungen zu landestypischen Besonderheiten
– auf das er zum „Klookschieter" (plattdeutsch für Besserwisser)
werde.

Hans-Dieter Reinke / Daniel Hugenbusch
300 Tipps für einen schönen Tag auf Sylt
978-3-8319-0759-5

Herrliche Brandung, endlose Sandstrände, stille Watten, aber auch
turbulente Promenaden, kulinarische Highlights sowie Brauchtum und
Kultur, das verbinden viele mit Sylt – oftmals nur „die Insel" genannt.
Die Natur zieht viele mit ihren imposanten Dünenketten, weißen
Stränden, Kliffs, bunten Heiden, Marschwiesen, dem umliegenden
Wattenmeer und den Nordseewellen in ihren Bann. Eine Landschaft
und eine Stimmung, die man sich erwandern oder erradeln muss.
Wellness, Baden, Erholung, die Ruhe genießen oder Kulinarisches erle-
ben, vom einfachen Fischbrötchen bis zum Kaviar-Champagner-
Menü. Zu entdecken sind Leuchttürme, Museen, Erlebnisausstellun-
gen, Aquarien, Galerien, Kunstpfade, schmucke Friesenhäuser, Kirchen, alte Steinzeitgräber und vieles mehr.

Freddy Langer (Hrsg.)
Sylt. Ein Reiselesebuch
978-3-8319-0605-5

Wer einmal diese Insel betreten hat, den lässt sie nie mehr los. Auch
Freddy Langer war fasziniert von der Einmaligkeit der Landschaft
am äußersten Nordzipfel Deutschlands. Seine Eindrücke und die vieler
berühmter Autoren sind in diesem Buch festgehalten. Erfahren Sie
mehr übers Meer und die Menschen, den natürlichen Reichtum der
Insel, die friesischen Wurzeln und Traditionen, über Seefahrer und
Walfänger und über die Wandlung, die Sylt in den letzten Jahrzehnten
erfahren hat.

Jan Mayen
Was man über Sylt wissen sollte
978-3-8319-0398-6

Die bekannteste deutsche Nordseeinsel ist in ihrer Vielfältigkeit kaum in Worte zu fassen. Eine aufregende Erdgeschichte, Kulturspuren der Vor- und Frühzeit, Walfang und Handelsseefahrt über alle Meere der Welt und natürlich die Gründung und Entwicklung der Seebäder verbinden sich mit der „Königin der Nordsee". Aber sie ist eben nicht nur die „Insel der Schönen und Reichen", sondern auch urtümliche Natur, die unter permanenter Bedrohung steht. Alle diese Facetten können Sie hier nachschlagen.

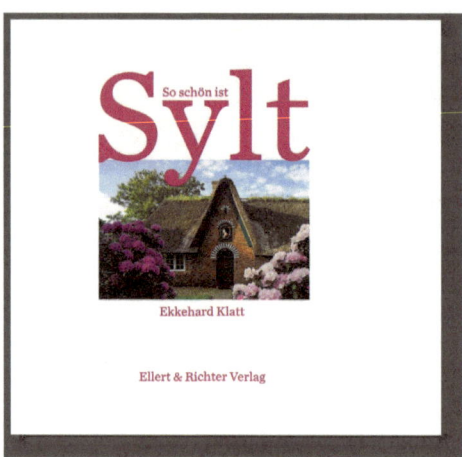

Ekkehard Klatt
So schön ist Sylt
978-3-8319-0633-8

Das unbeschreibliche Licht, die unterschiedlichen Landschaftsformen wie große, unberührte Heideflächen, wilde, bis heute immer noch ungezähmte Wanderdünen, die oft mit holländischen Fliesen geschmückten Kapitänshäuser mit ihren schmucken Haustüren sowie die ausgesprochene Gastfreundschaft auf der Insel sind nur einige der Gründe, warum jedes Jahr unzählige Gäste den weiten Weg bis in die äußerste nord-westliche Ecke Deutschlands in Kauf nehmen, um gerade auf Sylt Entspannung und Ruhe zu finden. Lassen Sie sich von den Aufnahmen mitreißen und genießen Sie die beeindruckende Insel in ihrer ganzen Vielfalt in Bild und Wort.

Ekkehard Klatt; Siegfried Layda
Faszination Sylt
978-3-8319-0667-3

Zweifellos ist Sylt die schönste und eigenartigste Insel Deutschlands.
Das macht schon ihre besondere Form aus, schmal und lang liegt sie
im Meer, mit einem kleinen Haken Richtung Osten. Sylt kann euphori-
sierend wie Champagner wirken, ein Hochgefühl vermitteln, das auf
dem Hindenburgdamm beginnt und uns nicht mehr loslässt, solange
wir uns auf der Insel aufhalten. Vom Zusammenklang der Natur, Tradition und pulsierendem Badeleben erzählen die Autoren und der
Fotograf Siegfried Layda kehrt – magisch vom besonderen Licht der
Insel angezogen – immer wieder hierher zurück. Das Ergebnis zeigt
die Faszination dieser Insel.

Impressum

Bildnachweis

Alle Fotos Philip Welkisch, außer:
Dornier Museum Friedrichshafen (Airbus Group): S. 119;
dpa Picture Alliance GmbH, Frankfurt am Main: S. 8, 15;
Ellert & Richter Verlag (Archiv), Hamburg: S. 31, S.129; huberimages: S. 35, 115 (Günter Gräfenhain), 66, 99 (Christian Bäck); Naturgewalten Sylt, List/Sylt: S. 87 (Bertholdy Bonnani); Georg Quedens, Norddorf: S. 18; Schleswig-Holsteinischer Zeitungsverlag (sh:z), Flensburg: S. 61; Söl'ring Foriining: S. 111; Vossen 1985: S. 53; Wikimedia Commons: S. 10, 74 (Hajotthu, CC BY-SA 3.0), 27, 97 (Magnus Manske, CC BY-SA 3.0), 50 (Ralf Roletschek – Fahrradtechnik und Fotografie), 53 (Drisminstede, CC BY-SA 4.0), 104 (Qwert1234, CC BY-SA 3.0), 130/131 (Zeddok, CC BY-SA 4.0)

Titel: fotolia © Sven Maaßen

Bibliografische Information der Deutschen Nationalbibliothek

Die Deutsche Nationalbibliothek verzeichnet diese Publikation in der Deutschen Nationalbibliografie; detaillierte bibliografische Daten sind im Internet über http://dnb.d-nb.de abrufbar.

ISBN 978-3-8319-0758-8

© Ellert & Richter Verlag GmbH, Hamburg 2020

Text und Bildlegenden: Claudia Welkisch, Köln
Redaktion: Sophie Niemann, Hamburg
Gestaltung: BrücknerAping Büro für Gestaltung GbR, Bremen
Gesamtherstellung: CPI books GmbH, Leck

www.ellert-richter.de
www.facebook.com/ EllertRichterVerlag